新编大宗商品金融综合实验

主　编　林珊珊　王彦强
副主编　张福健

浙江工商大学出版社
ZHEJIANG GONGSHANG UNIVERSITY PRESS
·杭州·

图书在版编目(CIP)数据

新编大宗商品金融综合实验 / 林珊珊,王彦强主编;
张福健副主编. — 杭州 : 浙江工商大学出版社,2023.6
ISBN 978-7-5178-5424-1

Ⅰ. ①新… Ⅱ. ①林… ②王… ③张… Ⅲ. ①商品市
场－金融－商业服务 Ⅳ. ①F713.58②F830.9

中国国家版本馆 CIP 数据核字(2023)第 059203 号

新编大宗商品金融综合实验

XINBIAN DAZONG SHANGPIN JINRONG ZONGHE SHIYAN

主　编　林珊珊　王彦强
副主编　张福健

责任编辑	沈敏丽
责任校对	何小玲
封面设计	朱嘉怡
责任印制	包建辉
出版发行	浙江工商大学出版社
	(杭州市教工路 198 号　邮政编码 310012)
	(E-mail:zjgsupress@163.com)
	(网址:http://www.zjgsupress.com)
	电话:0571－88904980,88831806(传真)
排　版	杭州朝曦图文设计有限公司
印　刷	杭州高腾印务有限公司
开　本	787 mm×1092 mm　1/16
印　张	10.75
字　数	217 千
版印次	2023 年 6 月第 1 版　2023 年 6 月第 1 次印刷
书　号	ISBN 978-7-5178-5424-1
定　价	42.00 元

前　言

　　大宗商品金融包括与大宗商品相关的金融市场及与其相关的交易活动。大宗商品作为世界经济中不可或缺的重要组成部分,涵盖了能源、金属、农产品等多个领域,其价格波动直接影响相关行业的盈利能力、国家的经济状况和政策制定,同时也影响着投资者的资产配置和风险管理策略。大宗商品金融市场涉及大宗商品的价格形成、交易和衍生品交易等活动。在这些市场中,投资者可以买卖大宗商品现货或参与大宗商品期货、期权、差价合约等金融衍生品的交易。这些金融工具提供了投资和风险管理的机会,同时也反映了大宗商品市场的供求关系和价格预期。大宗商品金融的重要性在于它对全球经济和金融市场具有重要影响。

　　本教材旨在为大宗商品金融领域的学习者提供一种全面而实用的学习资源,帮助其深入了解大宗商品金融的基本概念、原理和实践操作。教材主要分为四个部分:基础篇、大宗商品期货数据分析篇、相关金融数据检验与分析篇、Excel 在大宗商品金融数据中的应用篇。基础篇由金融数据的收集与处理实验构成。大宗商品期货数据分析篇包含实验二至实验六,主要内容为期货市场行情基本信息、期货估值与套利、单指数模型与大宗商品期货 β 系数的估计、大宗商品数据回归分析等。相关金融数据检验与分析篇由实验七至实验九组成,主要内容为单位根检验、协整检验及格兰杰因果关系检验。Excel 在大宗商品金融数据中的应用篇由实验十至实验十四组成,主要内容为 Excel 软件的基本金融计算功能、投资组合的收益与风险、久期的计算、投资中资金的时间价值计算分析,以及二叉树定价模型与 Black-Scholes 定价模型。

　　教材共有十四个实验,每个实验都提供了丰富的理论知识和参考案例,旨在帮助学习者建立坚实的理论基础,并使其能够在实践中灵活运用所学知识。同时,在教材中,我们特别关注大宗商品金融市场的实践操作,通过模拟交易、案例分析和实验实践等形式,让学习者获得真实市场环境下的操作经验,并通过实践中的挑战来提高自己的决策能力和实践操作技巧。

　　本教材涉及大宗商品基础理论、金融理论、计量经济学应用和计算机应用等多个领域的知识,特别适用于培养应用型、复合型人才。学习者可以通过学习本教材,理解和掌握金融数据的收集处理方法、金融建模的基本思路和基础方法,能够用理论联系实际,具有对大宗商品金融领域的现实问题进行观察分析并建立简单模型及从事大宗商品金融数据分析的能力,从而培养综合分析问题和解决问题的能力。

本教材的编写得益于多位经验丰富的专业人士和学者的共同努力。他们的专业知识和实践经验使得教材内容充实而精确,涵盖了大宗商品金融领域的各个方面。尤其感谢上海泰怡投资管理有限公司、绍兴新宇资产管理有限公司等企业在编写过程中给予的实质性帮助。教材的全部内容由宁波财经学院林珊珊与上海泰怡投资管理有限公司王彦强共同完成文字撰写,其中,数据编辑由绍兴新宇资产管理有限公司张福健完成。

本教材在编写过程中参考了大量的文献资料,在此向原作者表示感谢。由于编者学术水平有限,教材难免会存在不足之处,恳请各位专家、同人和广大读者批评指正,以便在将来的修订中予以改正。

编者

2023 年 5 月

目 录

第一篇　基础篇

实验一　金融数据的收集与处理

实验一　金融数据的收集与处理

一、实验目的

通过本实验,了解收集金融数据的常见方法与途径,并将之转化为 Excel 文档,在整理加工后供研究分析之用。

二、实验要求

要求学生掌握计算机网络的初步知识,熟悉 Excel 软件的基本使用方法,并掌握相关金融或经济背景知识,能正确收集和整理金融数据。

三、实验内容

1. 打开行情软件(Wind 或其他)或较权威的财经数据发布网站,通过它们来下载商品期货的日收盘价格和涨跌幅数据,将数据序列保存在 Excel 中,利用 Excel 的绘图功能绘制折线图(横轴为时间)。

在"Wind 资讯金融终端"查询行情历史数据的步骤如下:

步骤一:打开"Wind 资讯金融终端",在登录页面输入账号、密码并点击"登录",如图 1-1 所示。

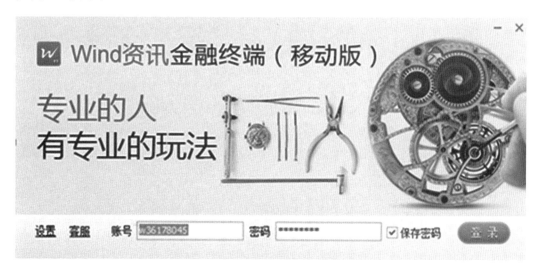

图 1-1　"Wind 资讯金融终端"登录界面

步骤二：点击左侧导航栏的"商品"或"指数"进入相应界面，如图 1-2、图 1-3、图 1-4 所示。

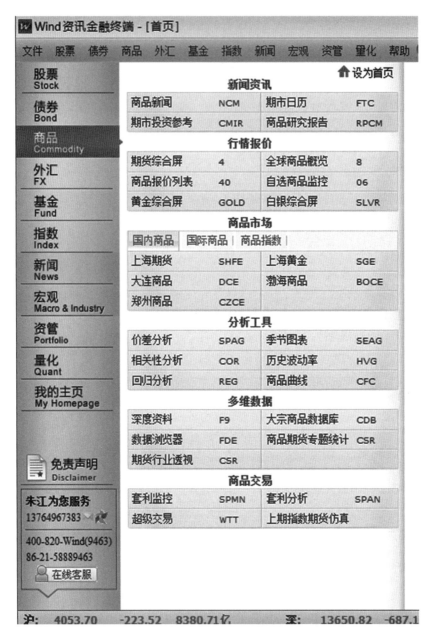

图 1-2 "Wind 资讯金融终端"的"商品"界面

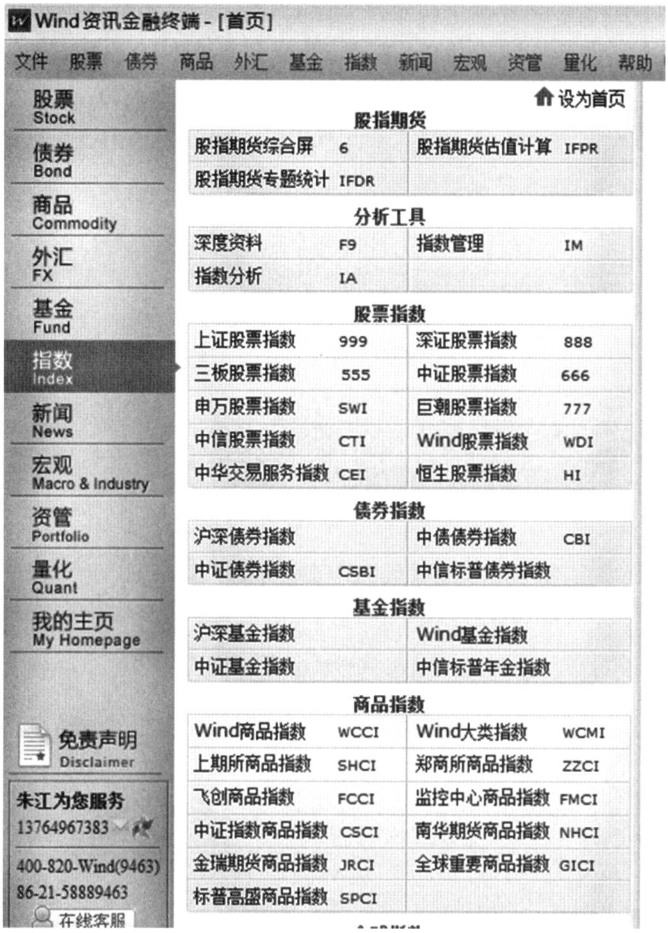

图 1-3 "Wind 资讯金融终端"的"指数"界面

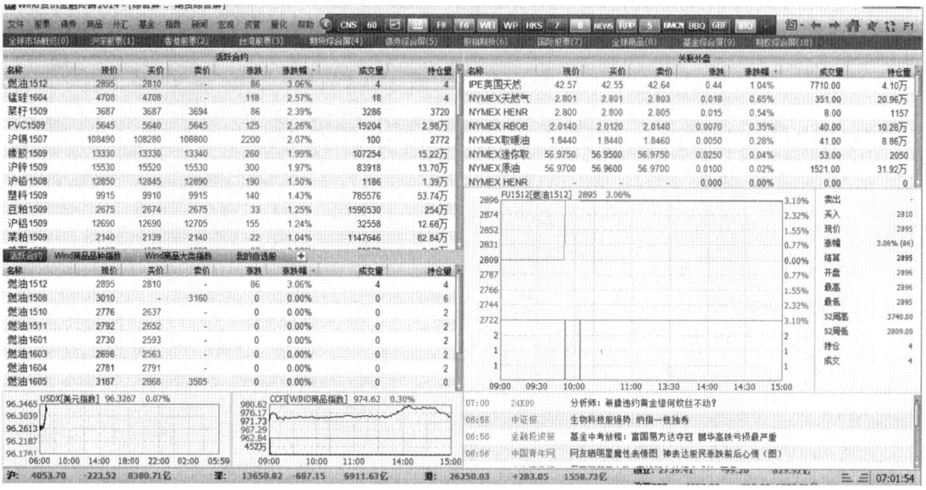

图 1-4 "Wind 资讯金融终端"的二级界面

步骤三:直接输入所需查询品种的简称或代码,进入单品种合约或单个指数的分时走势页面,按"F5"进入历史 K 线页面,如图 1-5 所示。

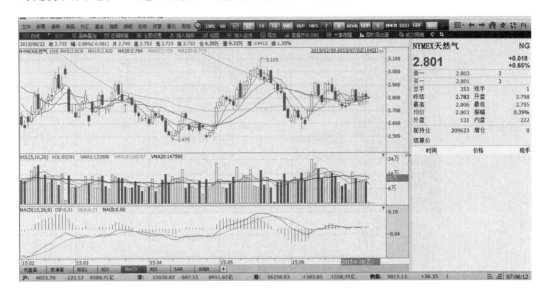

图 1-5 单品种合约历史 K 线页面

步骤四:点击 K 线图上方工具栏中的"导出"按键,选择需要导出的数据类别,如图 1-6 所示。

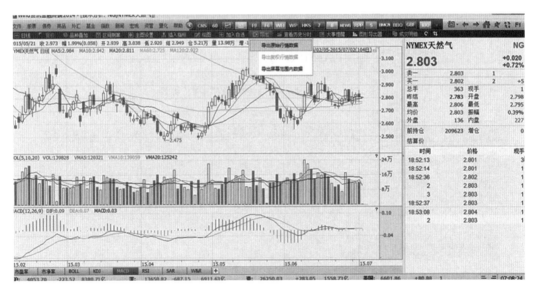

图 1-6 导出数据

步骤五:点击"导出"后稍等片刻,页面可自动生成一个 Excel 表格形式的临时文件,即为收集到的相关历史数据,如图 1-7 所示。

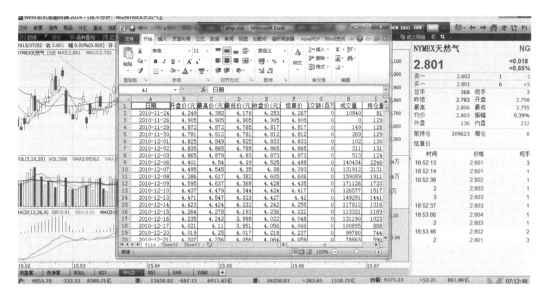

图 1-7　相关历史数据

2. 访问国家统计局网站,查找并下载历年我国国内生产总值(GDP)数据、历年居民消费价格指数数据和历年居民消费水平数据,将数据序列保存在 Excel 中,利用 Excel 的绘图功能绘制折线图(横轴为时间)。

年度宏观数据查询的具体操作如下:

步骤一:打开国家统计局网站主页(www.stats.gov.cn),下拉后找到"数据查询"模块,如图 1-8、图 1-9 所示。

图 1-8　国家统计局网站主页

图 1-9 国家统计局网站主页页面下拉后出现的"数据查询"模块

步骤二:点击"数据查询"模块中的"年度数据",在左侧导航栏依次点击"国民经济核算"项下的"国内生产总值"和"居民消费水平",并在右上角"时间"的下拉框中选择或自行输入需要的时间段,即可找到相应数据,如图 1-10、图 1-11 所示。

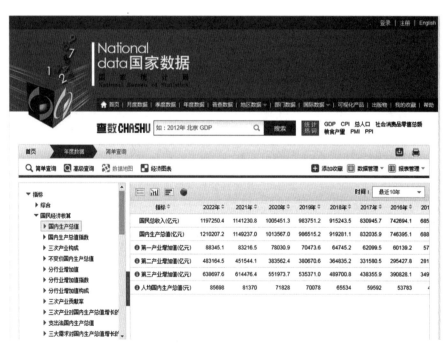

图 1-10 "国内生产总值"数据页面

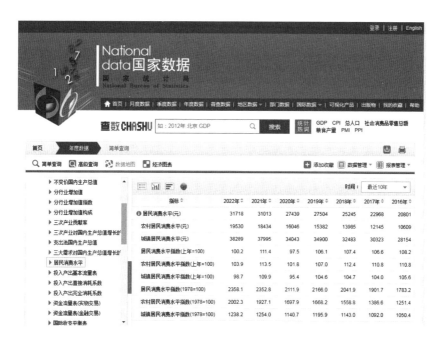

图 1-11 "居民消费水平"数据页面

3.访问中国人民银行网站,查找并下载历年我国货币供应量(M0、M1 和 M2)的月度数据,将数据序列保存在 Excel 中,利用 Excel 的绘图功能绘制折线图(横轴为时间)。

货币供应量月度数据查询的具体操作如下:

步骤一:打开中国人民银行网站主页(www.pbc.gov.cn),点击上方工具栏"信息公开"项中的"调查统计",如图 1-12 所示。

图 1-12 中国人民银行网站主页

步骤二：点击新打开页面上"统计数据"后面的"更多"，即可进入历年统计数据目录，如图1-13、图1-14所示。

图1-13　进入"调查统计"页面

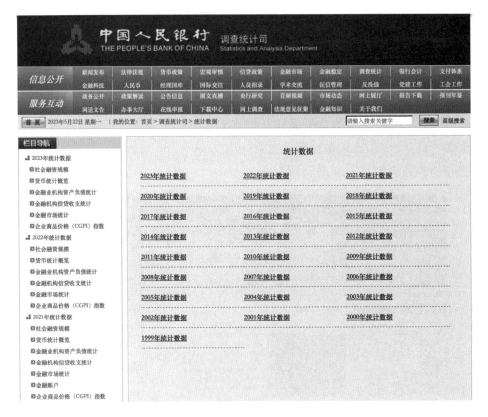

图1-14　进入历年统计数据页面

步骤三：点击相应年份的统计数据，进入新的页面后点击"货币统计概览"，然后在新打开的页面中选择"货币供应量"，如图1-15、图1-16所示。

图 1-15　进入相应年份的"统计数据"页面

图 1-16　进入"货币统计概览"页面

011

步骤四:点击"货币供应量"选项右侧的"xls",即可得到 Excel 形式的货币供应量月度数据,如图 1-17 所示。

货币供应量
Money Supply

单位:亿元人民币
Unit:100 Million Yuan

项目 Item	2022.01	2022.02	2022.03	2022.04	2022.05	2022.06	2022.07	2022.08	2022.09	2022.10	2022.11	2022.12
货币和准货币(M2) Money & Quasi-money	2431022.72	2441488.90	2497688.34	2499710.90	2527026.15	2581451.20	2578078.57	2595068.27	2626600.92	2612914.57	2647008.48	2664320.84
货币(M1) Money	613859.35	621612.11	645063.80	636139.01	645107.52	674374.81	661832.33	664604.85	664535.17	662140.99	667042.61	671674.76
流通中货币(M0) Currency in Circulation	106188.87	97227.70	95141.92	95626.49	95546.86	96011.17	96509.19	97231.03	98672.06	98416.71	99740.12	104706.03

注:自2022年12月起,"流通中货币(M0)"含流通中数字人民币。12月末流通中数字人民币余额为136.1亿元。修订后,2022年各月末M1、M2增速无明显变化。修订后"流通中货币(M0)"增速如下:
From December 2022, e-CNY in Circulation is covered in Currency in Circulation. The amount of e-CNY in Circulation at end December 2022 is RMB 13.61 billion. After applying the new method, M1 and M2 growth rates remain unchanged, M0 growth rates in 2022 are updated correspondingly:

	2022.01	2022.02	2022.03	2022.04	2022.05	2022.06	2022.07	2022.08	2022.09	2022.10	2022.11	2022.12
流通中货币(M0)	18.5%	5.8%	10.0%	11.5%	13.5%	13.9%	13.9%	14.3%	13.6%	14.4%	14.1%	15.3%

图 1-17　Excel 形式的货币供应量月度数据

4. 从美联储网站收集商业票据、债券等的收益率数据。

步骤一:打开美联储网站(https://www.federalreserve.gov),如图 1-18 所示。

图 1-18　美联储网站主页

步骤二:选择"Data"一栏,同时点击列表中"Interest Rates"下的"Selected Interest Rates",如图 1-19、图 1-20 所示。

图 1-19　进入"Data"页面

Selected Interest Rates

Instruments	2023 May 12	2023 May 15	2023 May 16	2023 May 17	2023 May 18
Commercial Paper 3 4 5 6					
Nonfinancial					
1-month	5.06	5.07	5.05	5.07	5.07
2-month	5.08	5.06	5.06	5.07	5.09
3-month	5.08	5.06	5.06	5.06	5.09
Financial					
1-month	5.05	5.11	5.06	n.a.	5.07
2-month	5.05	5.13	n.a.	5.09	n.a.
3-month	5.04	5.15	n.a.	5.11	n.a.

图 1-20　进入"Selected Interest Rates"页面

在"Selected Interest Rates"页面内可察看"Treasury bills"（短期国债利率），如图 1-21 所示。

Selected Interest Rates

Instruments	2023 May 12	2023 May 15	2023 May 16	2023 May 17	2023 May 18
U.S. government securities					
Treasury bills (secondary market) 3 4					
4-week	5.57	5.49	5.45	5.39	5.38
3-month	5.08	5.06	5.07	5.10	5.14
6-month	4.93	4.99	5.02	5.05	5.13
1-year	4.57	4.56	4.63	4.66	4.76
Treasury constant maturities					

图 1-21　"Treasury bills"相关数据

四、实验报告

学生需要根据实验内容将实验过程和结果填写在实验报告中。实验报告格式要求：字体为宋体，字号为小四号，行距为 1.5 倍。

报告内容：

1.通过某期货行情软件，任选在境内交易的 3 个不同品种的商品期货，下载 3 个不同品种的商品期货从 2020 年 1 月至 2020 年 5 月期间某一个完整月份的交易日的日收盘价格（后复权）和涨跌幅数据，以 Excel 形式保存并导出相应表格到 Word 文档，利用 Excel 的绘图功能绘制折线图（横轴为时间）。

2.从国家统计局网站（www. stats. gov. cn）下载 1978—2020 年我国国内生产总值（GDP）的年度数据、1989—2020 年居民消费价格指数（标明基期年）的年度数据和 1980—2020 年居民消费水平的年度数据，以 Excel 形式保存并导出相应表格到 Word 文档，利用 Excel 的绘图功能绘制折线图（横轴为时间）。

3.从中国人民银行网站（www. pbc. gov. cn）下载 2006 年 1—5 月我国货币供应量（M0、M1 和 M2）的月度数据，以 Excel 形式保存并导出相应表格到 Word 文档，利用 Excel 的绘图功能绘制折线图（横轴为时间）。

五、考核方式

课内完成，在该实验项目结束前提交实验报告文档电子版和原始数据的压缩包，文件命名为"学号＋姓名＋实验一"，并在全部实验课程结束前按规定时间提交实验报告的纸质版。最终实验成绩按照考核标准的正常赋分比例计算。

金融数据的收集与处理

知识点补充

第二篇　大宗商品期货数据分析

实验二　期货市场行情基本信息

一、实验目的

通过对期货市场行情的学习,掌握期货交易的含义、主要的合约分类及相关的操作流程。同时了解期货交易的主要规则,为之后的期货价格确定做理论储备。

二、实验要求

要求学生理解期货合约的基本含义及操作流程,熟练运用期货交易软件获取相关期货价格的信息。同时掌握相关金融或经济背景知识,能正确收集和整理金融数据,能够对某大宗商品期货的价格走势及行情进行基本分析。

三、期货的定义及分类

期货指的是以某种大宗商品或金融资产为标的物的标准化合约,其相关规则与限制条约由期货交易所统一制定,规定在将来某一特定的时间以特定的价格进行交易。

期货主要分成两大类,分别为商品期货与金融期货。其中商品期货又分为农产品期货、金属期货、能源化工期货三大类(见图 2-1)。金融期货则主要包含外汇期货、利率期货、股指期货、股票期货等(见图 2-2)。图 2-3 列举了我国期货交易所交易的主要品种。

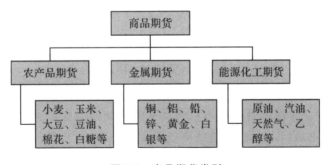

图 2-1　商品期货类别

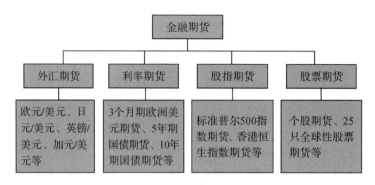

图 2-2　金融期货类别

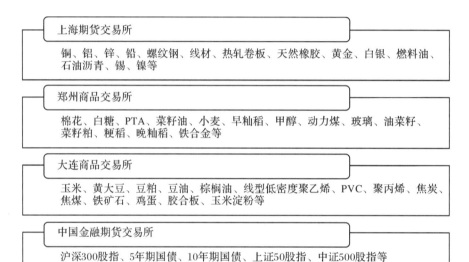

图 2-3　我国期货交易所交易的主要品种

四、期货的基本操作

期货的交易流程主要有开户、下单、竞价、结算、交割这五个。

第一个环节,开户。开户主要分成四个步骤:申请开户,阅读并签署《期货交易风险说明书》,签署《期货经纪合同书》,申请交易编码并确认资金账号。值得注意的是,能直接进入期货交易所进行交易的只有会员,因此,普通投资者进入期货交易所时,需要通过期货公司进行交易。

第二个环节,下单。普通投资者在缴纳完相应的保证金后,即可通过期货公司进行交易。下单的同时,需说明买卖合约的品种、数量、价格等信息。图 2-4 列举了常用的交易指令。

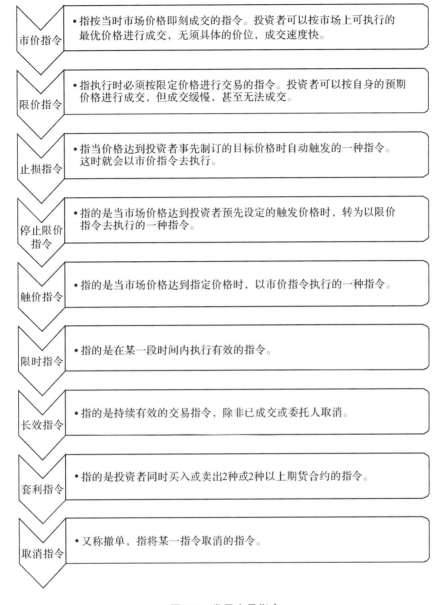

市价指令
• 指按当时市场价格即刻成交的指令。投资者可以按市场上可执行的最优价格进行成交，无须具体的价位，成交速度快。

限价指令
• 指执行时必须按限定价格进行交易的指令。投资者可以按自身的预期价格进行成交，但成交缓慢，甚至无法成交。

止损指令
• 指当价格达到投资者事先制订的目标价格时自动触发的一种指令。这时就会以市价指令去执行。

停止限价指令
• 指的是当市场价格达到投资者预先设定的触发价格时，转为以限价指令去执行的一种指令。

触价指令
• 指的是当市场价格达到指定价格时，以市价指令执行的一种指令。

限时指令
• 指的是在某一段时间内执行有效的指令。

长效指令
• 指的是持续有效的交易指令，除非已成交或委托人取消。

套利指令
• 指的是投资者同时买入或卖出2种或2种以上期货合约的指令。

取消指令
• 又称撤单，指将某一指令取消的指令。

图 2-4　常用交易指令

第三个环节，竞价。竞价方式主要有公开喊价和计算机撮合成交两种。公开喊价方式较为传统，可以分为连续竞价制度和一节一价制度。其中连续竞价制度指的是在交易所内由交易者面对面地公开喊价，其可以根据自身的意愿提出买或卖的要求。一节一价制度则是把每个交易日分为若干节，每节交易由主持人最先叫价，同时场内的经纪人根据其叫价申报买卖的数量，直到某一价格买卖双方的交易数量相等。随着时代与技术的变迁，计算机撮合成交方式成为主流，这是一种以公开喊价方式为基础的计算机自动化交易方式，同时对交易双方的指令进行配对。

第四个环节,结算。结算指的是根据交易所公开的结算价格对买卖双方进行资金清算和划转。我国各交易所实行的制度不同,结算过程也不同,如图2-5所示。

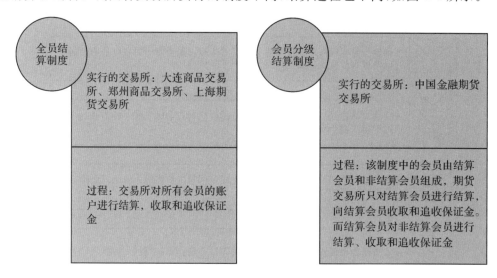

图 2-5　我国交易所实行的结算制度

第五个环节,交割。交割指的是在期货合约到期的时候,按照期货交易所的规则和程序,交易双方通过该合约中标的物所有权的转移,或是按照期货交易所公布的结算价格进行现金差价结算,平仓合约的过程。其中交割方式主要分为两种,即实物交割与现金交割。商品期货合约一般以实物交割方式进行,而金融期货合约以现金交割方式居多。

五、期货交易的主要规则及相关专业术语介绍

(一)大宗商品期货交易规则

1.保证金制度:期货交易实行保证金制度。交易者在买卖期货合约时按合约价值的一定比率缴纳保证金(一般为5%—15%)作为履约保证,即可进行数倍于保证金的交易。这种以小博大的保证金交易也被称为"杠杆交易"。期货交易的这一特征使其具有高收益和高风险的特点。保证金比率越低,杠杆效应就越大,高收益和高风险的特点就越明显。

2.双向交易:期货交易采用双向交易方式。交易者既可以买入建仓(或称开仓),即通过买入期货合约开始交易,也可以卖出建仓,即通过卖出期货合约开始交易。前者也称为"买空",后者也称为"卖空"。双向交易给予投资者双向的投资机会,也就是在期货价格上升时,可通过低买高卖来获利;在期货价格下降时,可通过高卖低买来获利。

3.对冲了结:交易者在期货市场建仓后,大多并不是通过交割(即交收现货)来结

束交易,而是通过对冲了结。买入建仓后,可以通过卖出同一期货合约来解除履约责任;卖出建仓后,可以通过买入同一期货合约来解除履约责任。对冲了结使投资者不必通过交割来结束期货交易,从而提高了期货市场的流动性。

4.当日无负债结算:期货交易实行当日无负债结算,也称为逐日盯市。结算部门在每日交易结束后,按当日结算价对交易者结算所有合约的盈亏、交易保证金及手续费、税金等费用,对应收应付的款项实行净额一次划转,并相应增加或减少保证金。如果交易者的保证金余额低于规定的标准,则须追加保证金,从而做到"当日无负债"。当日无负债可以有效防范风险,保障期货市场的正常运转。

(二)期货交易术语

1.结算价:结算价是当天交易结束后,对未平仓合约进行当日交易保证金及当日盈亏结算的基准价。郑州商品交易所、大连商品交易所和上海期货交易所规定,当日结算价取某一期货合约当日成交价格按照成交量的加权平均价;当日无成交价格的,以上一交易日的结算价作为当日结算价。中国金融期货交易所规定,当日结算价是指某一期货合约最后一小时成交价格按照成交量的加权平均价。

2.开仓、持仓、平仓:开仓也称为建仓,是指期货交易者新建期货头寸的行为,包括买入开仓和卖出开仓。交易者开仓之后手中就持有头寸,即持仓。若交易者买入开仓,则构成了买入(多头)持仓;反之,则形成了卖出(空头)持仓。平仓是指交易者了结持仓的交易行为,了结的方式是针对持仓方向做相反的对冲买卖。持仓合约也称为未平仓合约。

3.申买量与申卖量:申买量是指某期货合约当日交易所交易系统中未成交的最高价位申请买入的下单数量;申卖量是指某期货合约当日交易所交易系统中未成交的最低价位申请卖出的下单数量。

党的二十大为期货行
业发展举旗定向

为什么要完善产权保护、市场准入、
公平竞争、社会信用等市场经济

六、实验报告

学生需要根据实验内容将实验过程和结果填写在实验报告中。实验报告格式要求:字体为宋体,字号为小四号,行距为1.5倍。

报告内容:

1.通过某期货行情软件,任选在境内交易的3个不同品种的大宗商品期货,下载其2014年1月至2020年1月期间的季度期货价格,以Excel形式保存并利用Excel

的绘图功能绘制折线图(横轴为时间)。

2.在期货行情软件上,截取上述 3 个不同品种的大宗商品期货的 K 线图,并叙述其价格的浮动情况及影响其价格的因素。

3.将上述实验结果编辑到 Word 文档中,形成数据结果分析。

期货市场行情基本信息　　　　补充知识点及练习　　　　补充案例分析

实验三 期货的估值与套利分析

一、实验目的

通过本实验,学生能了解期货的基本知识,其中包括期货的定义、不同情况下的估值方法等。同时,能通过对期货价格的验算来进行套利的策略分析。

二、实验要求

要求学生掌握相关金融衍生工具的基础知识,同时能通过对期货价格的计算过程推演来分析影响期货价格的因素。

三、实验内容

期货交易指的是买卖双方以确定的价格在未来特定的时间内按照合约的交割数量进行交易的方式。期货价格指的是当前确定的在未来所需支付的该项资产的价格。理论上,期货价格变化的最直接因素主要有以下几个方面(实验中不讨论宏观因素):第一,以 T_0 时刻的现货价格持有该项资产至到期日所产生的持仓费用或持仓期间可能带来的收益;第二,在持有期货合约的期限中,该项资产的现货价格波动或供求关系带来的变化等。在此,需要提醒的一点是,在临近交割期时,期货价格会逐步与此时的现货价格趋于一致,其主要原因为投资者低买高卖的套利行为。

本实验将根据金融资产是否提供中间收入的特点,主要介绍两种估值模型:第一,在投资或买卖该项金融资产的过程中不提供任何的收入;第二,在投资或买卖该项金融资产的过程中有确定的、固定的收入,例如债券的券息、股票的股利等。

在进行本实验之前,我们需要对估值模型进行条件假设:

第一,期货交易中不存在交易费用;

第二,交易过程中的税率一致或不纳税;

第三,在期货交易过程中,投资者都以同样的无风险利率进行借贷;

第四,当套利机会出现时,投资者可以最大限度地进行套利;

第五,允许卖空行为,即卖出投资者并不拥有的资产。

1.中间不提供收入的期货估值模型及套利策略——以零息债券为例。

根据上述模型条件,利用无套利原则,推导出如下公式:

$$F = S_0 e^{rT} \tag{3-1}$$

公式字母说明:F 为当前的期货价格;S_0 为标的资产的当前价格;r 为已连续复利计算的无风险利率;T 为期货合约的期限。

推导过程：

推导的过程中需要考虑两个问题，第一个是当前的期货价格与当前的现货价格之间的关系，第二个是当前的期货价格与到期日现货价格之间的关系。

情况一：

当 $F>S_0 e^{rT}$ 时，投资者在 T_0 时刻以无风险利率 r 借入 T 期限的当前现货价格的资金额度 S_0，买入一份资产并进入短头寸的期货合约。到期时，履行合约，卖出资产 F，并支付 $S_0 e^{rT}$。

情况二：

当 $F<S_0 e^{rT}$ 时，已拥有资产的投资者将卖出该项资产得到资金 S_0，并将该资金以无风险利率 r 进行投资，期限为 T。同时进入期货合约的长头寸。到期时，投资者将收回本息，并以 F 的价格将资产买回，由此得到，无风险收益为 $S_0 e^{rT} - F$。

从上述的两种情况来看，如果 F 与 $S_0 e^{rT}$ 不相等，那么就存在着套利机会。在有效市场的假定下，投资者会尽可能地抓住一切获利机会。例如上述第一种情况，当 $F>S_0 e^{rT}$ 时，投资者都去借资金买入标的资产，从而导致标的资产的现货价格逐渐上涨，期货价格逐渐下降，直至 $F=S_0 e^{rT}$，套利机会消失。因此，有效市场中的期货理论价格为 $F=S_0 e^{rT}$。

2.中间提供收入的期货估值模型及套利策略。

在上述估值模型的条件下，我们需要更多地考虑两个问题来完成中间发生收入的期货估值模型。第一，持有期货合约期间，存在利息费用问题。第二，合约期间发生自然收益，例如投资者持有标的资产期间实际会放弃相对应的现金金融资产所带来的额外收入，因此在为该项标的资产估值时，必须将这些收入折成现值，并从期货价格中减去。假定持有期货合约期间产生的利息现值为 I，那么在无套利理论下，计算公式为：

$$F=(S_0-I)e^{rT} \tag{3-2}$$

案例演示：

某投资者考虑买入当前价格为 600 美元的某带息债券的期货合约的长头寸。已知该合约的期限为 9 个月，同时在 4 个月后将产生 20 美元的券息支付。假定 4 个月期与 9 个月期产生的利率（连续复利）分别为 4% 和 5%。考虑以下两种情况的套利策略：(1)当期货价格为 610 美元时，套利策略后的收益为多少？(2)当期货价格为 590 美元时，其收益如何？

解析：当进行该条件下的套利策略分析时，应先利用该估值模型计算理论上的期货价格。过程如下。

步骤一：计算 4 个月后产生的券息现值。

根据上述题目，已知条件为：$S_0=600$ 美元，T 为 9 个月，无风险利率 r 的 4 个月期与 9 个月期利率分别为 4%、5%，4 个月后券息为 20 美元。

$$I = 20 \times e^{-4\% \times \frac{3}{12}} = 19.74(美元)$$

本实验在不借助计算器的帮助下,可以运用 Excel 完成连续复利的计算,只要选取"插入函数"中的"EXP",如图 3-1 所示。

图 3-1　公式生成器中的 EXP 函数

步骤二:计算该估值模型下的期货价格。

$$F = (S_0 - I)e^{rT} = (600 - 19.74) \times e^{5\% \times \frac{9}{12}} = 602.44(美元)$$

步骤三:根据不同的当前期货价格来制定套利策略。

● 当期货价格为 610 美元时

思考过程:由步骤二得出期货价格估值为 602.44 美元,其价格小于当前的期货价格 610 美元,基于低买高卖的投资策略,应先买入该项标的资产,然后在交割日时卖出该项资产。

具体过程如表 3-1 所示。

表 3-1　投资策略一

T_0 时刻	• 借入 600 美元买入 1 份标的资产 • 600 美元的借入分为两个部分：其中 19.74 美元（券息现值）借款期限为 4 个月；剩下的 580.26 美元借款期限为 9 个月 • 为了确保在交割时能将资产卖出，进入期货合约的短头寸，即在 9 个月后以 610 美元卖出该标的资产
4 个月时	• 收到券息 20 美元，以此来支付第一笔借款 $19.74 \times e^{4\% \times 4 \div 12} = 20$（美元）
9 个月时	• 履行合约，卖出标的资产，得到 610 美元 • 偿还债务 $580.26 \times e^{5\% \times 9 \div 12} = 602.44$（美元） • 盈利为 $610 - 602.44 = 7.56$（美元）

● 当期货价格为 590 美元时

思考过程：同样基于"低买高卖"的策略，期初卖空资产，期末买入资产进行归还。具体过程如表 3-2 所示。

表 3-2　投资策略二

T_0 时刻	• 卖空 1 份标的资产，得到 600 美元资金 • 将 600 美元资产进行分段投资：第一，将 19.74 美元进行 4% 的利率、期限为 4 个月的投资；第二，将 580.26 美元进行 5% 的利率、期限为 9 个月的投资 • 为了确保将标的资产买回并归还给其他投资者，进入期货合约的长头寸，即 9 个月后以 590 美元买入该标的资产
4 个月时	• 收回第一部分的投资额 $19.74 \times e^{4\% \times 4 \div 12} = 20$（美元），并支付 20 美元券息
9 个月时	• 收回第二部分的投资额 　$580.26 \times e^{5\% \times 9 \div 12} = 602.44$（美元） • 履行合约，买入标的资产 590 美元 • 盈利为 $602.44 - 590 = 12.44$（美元）

四、实验报告

学生需要根据实验内容将实验过程和结果填写在实验报告中。实验报告格式要求：字体为宋体，字号为小四号，行距为 1.5 倍。

报告内容：

1. 在行情软件中选取两个大宗商品期货的品种，并截取此期货品种的季度 K 线图，同时分析该期货价格的变化。

2. 按照上述选取的大宗商品期货品种，寻找相关现货价格、无风险利率、合约期限与相关收益，利用本实验中的估值模型进行期货价格的计算。

3. 利用上题的计算结果，对期货品种逐个进行套利分析。

五、考核方式

课内完成，在该实验项目结束前提交实验报告文档电子版、Excel 原始数据和相对应参照函数的截图,文件命名为"学号＋姓名＋实验三",并在全部实验课程结束前按规定时间提交实验报告的纸质版。最终实验成绩按考核标准的正常赋分比例计算。

期货的估值与套利分析(1)　　　期货的估值与套利分析(2)

知识点补充　　　　　　　补充案例分析

实验四　单指数模型与大宗商品期货 β 系数的估计

一、实验目的

通过对大宗商品单品种期货与综合指数的收益率进行回归分析,理解大宗商品期货 β 系数的真实含义;掌握简单回归分析的方法。

二、实验要求

使用 EViews 软件对市场中的大宗商品单品种期货与综合指数的收益率进行回归分析;斜率项即 β 系数,表示资产收益率对市场变动的敏感程度,了解 β 系数的真实含义,即单品种期货收益率对市场整体收益率变动的敏感程度。

三、实验内容

1.查找并记录一定时期内大宗商品综合指数(根据期货品种选择相关性较大的综合指数)和单品种商品期货的收盘价及日收益率数据,以 Excel 形式记录并保存数据,并利用 Excel 的绘图功能在同一图形中绘制综合指数和不同品种商品期货日收益率折线图(横轴为时间)。

例:查找 CRB 指数数据的实验步骤。

(1)在弘业期货的网站上下载博易大师行情分析软件,如图 4-1 所示。

图 4-1　弘业期货网站软件下载页面

(2)使用公用账号登录软件,如图 4-2 所示。

图 4-2　博易大师登录页面

（3）查找大宗商品 CRB 指数的日收益率数据，以 Excel 形式记录并保存，如图 4-3 所示。

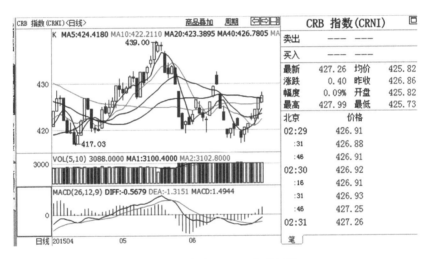

图 4-3　大宗商品 CRB 指数日线

2. 分别用不同品种的大宗商品期货的日收益率序列与大宗商品综合指数的日收益率序列建立单指数模型来考察变量之间的相关性，并估计 β 系数的大小。

使用 EViews 软件建立单指数模型的操作步骤：

（1）创建 EViews 工作文件，如图 4-4、图 4-5、图 4-6、图 4-7 所示。

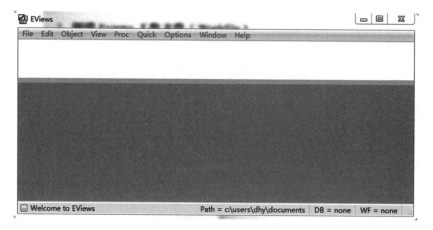

图 4-4　创建 EViews 工作文件步骤（1）

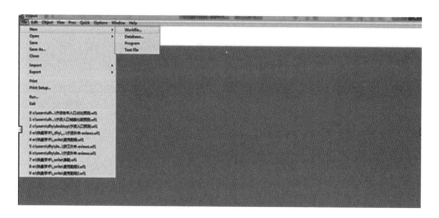

图 4-5　创建 EViews 工作文件步骤（2）

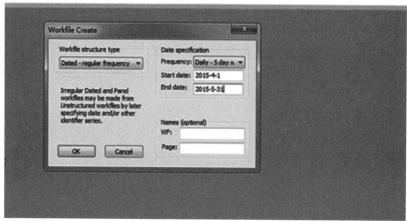

图 4-6　创建 EViews 工作文件步骤（3）

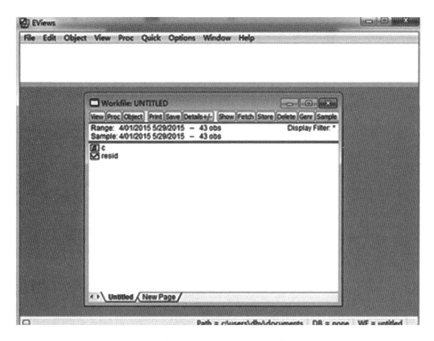

图 4-7 创建 EViews 工作文件步骤(4)

(2)录入数据,如图 4-8、图 4-9、图 4-10 所示。

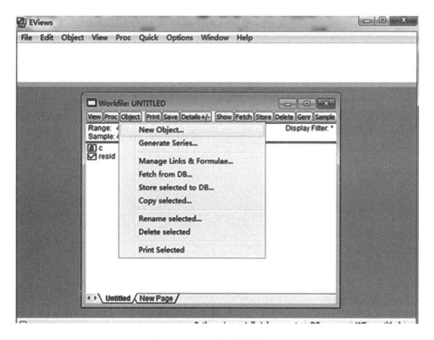

图 4-8 录入数据步骤(1)

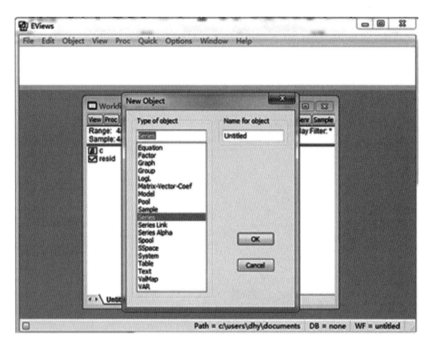

图 4-9 录入数据步骤(2)

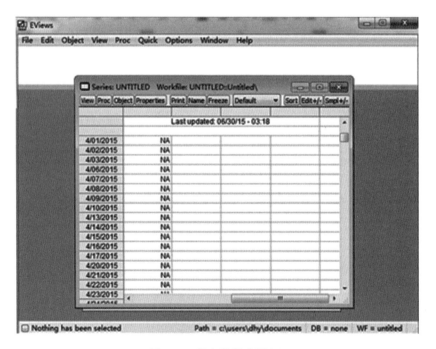

图 4-10 录入数据步骤(3)

点击"Edit+/-",分别录入大宗商品综合指数和 3 个不同品种大宗商品期货 2 个月期的收盘价数据(可以直接将 Excel 中的数据复制过来),如图 4-11 所示。

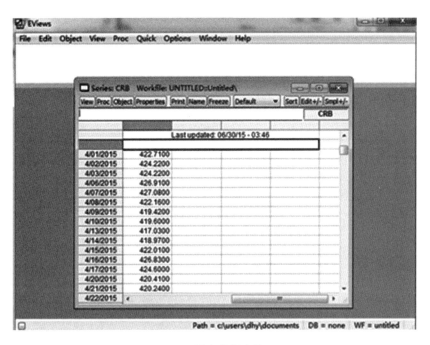

图 4-11 录入数据步骤（4）

（3）生成数据序列的图形，观察序列特征，如图 4-12、图 4-13、图 4-14 所示。

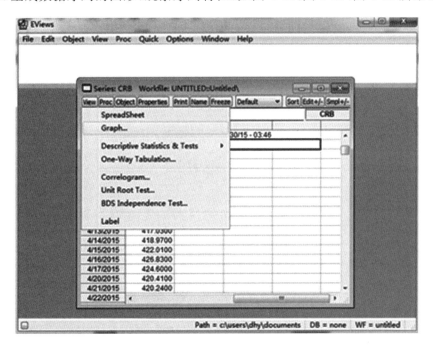

图 4-12 生成数据序列的图形步骤（1）

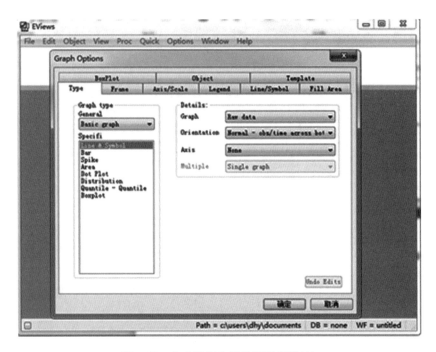

图 4-13　生成数据序列的图形步骤（2）

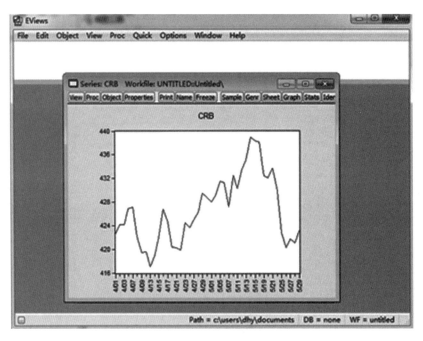

图 4-14　生成数据序列的图形步骤（3）

（4）生成原数据的百分比收益率序列，如图 4-15、图 4-16、图 4-17 所示。

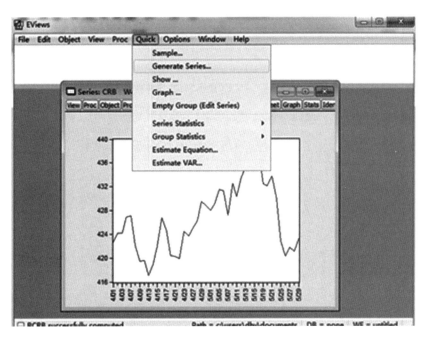

图 4-15 生成原数据的百分比收益率序列步骤（1）

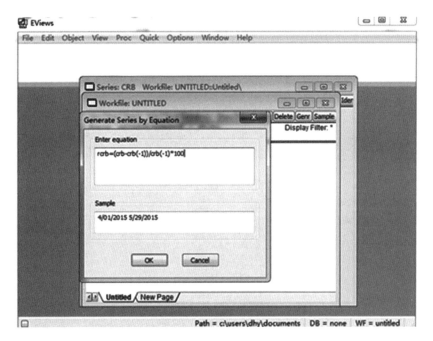

图 4-16 生成原数据的百分比收益率序列步骤（2）

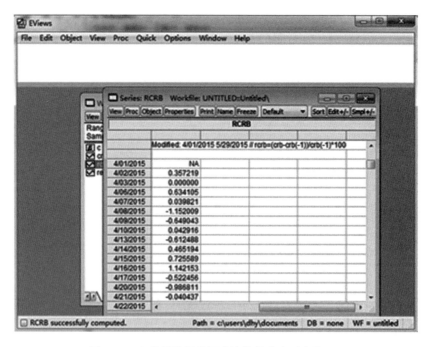

图 4-17　生成原数据的百分比收益率序列步骤（3）

（5）同时选择指数和单品种期货 2 个收益率序列，点击鼠标右键，选择"Open/as Group"，以组对象的形式打开序列，如图 4-18 所示。

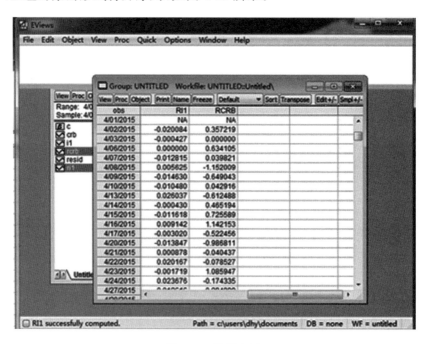

图 4-18　选择序列

　　生成 2 组收益率序列的相关系数矩阵，截图，如图 4-19、图 4-20、图 4-21 所示。
（图 4-21 显示的两者相关性不大）

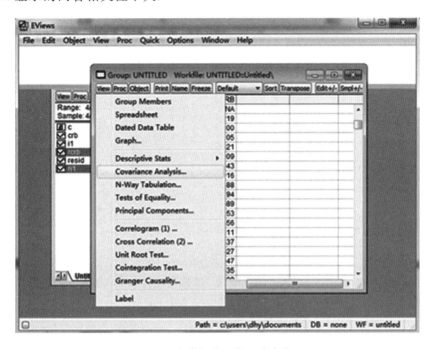

图 4-19　生成相关系数矩阵步骤（1）

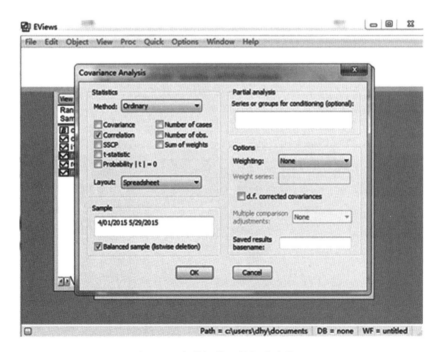

图 4-20　生成相关系数矩阵步骤（2）

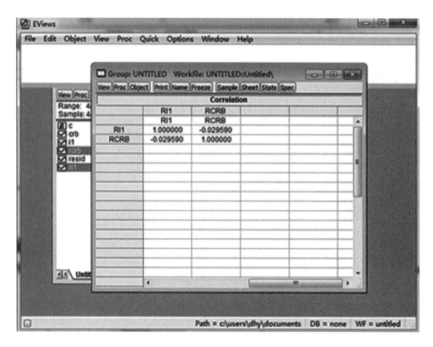

图 4-21　生成相关系数矩阵步骤（3）

（6）为了估计单品种大宗商品期货的 β 系数，可以建立单指数模型。模型的形式为：$r_{it}=a+br_{mt}+u_t$。从主菜单中点击"Quick"，选择"Estimate Equation"，或者新建一个Equation对象，输入公式后即可得到估计结果，如图 4-22、图 4-23、图 4-24 所示。

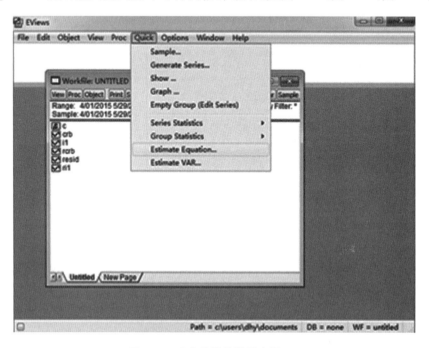

图 4-22　建立单指数模型步骤（1）

图 4-23 建立单指数模型步骤（2）

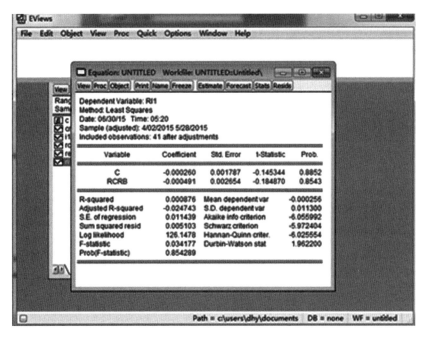

图 4-24 建立单指数模型步骤（3）

3.对回归结果进行分析,同时进一步理解 β 系数的含义。

此例所用的 2 组数据相关性不大,因此估计结果不理想。模型估计的 β 系数不显著,不做参考。如系数显著,则写出模型对应的方程,即回归方程的表达式。分别

说明系数估计值的 t 统计量和模型的 R^2、DW 统计量等的大小所代表的意义。

结合模型的估计结果,简要分析 β 系数的经济含义。

四、实验报告

学生需要根据实验内容将实验过程和结果填写在实验报告中。实验报告格式要求:字体为宋体,字号为小四号,行距为 1.5 倍。

报告内容:

1.查找并记录 2 个月期的大宗商品某综合指数(根据期货品种选择相关性较大的综合指数)和实验一、二中的 3 个不同品种商品期货的收盘价及日收益率数据,以 Excel 形式保存数据并导出相应表格到 Word 文档,利用 Excel 的绘图功能在同一图形中绘制综合指数和不同品种商品期货日收益率折线图(横轴为时间)。

2.分别用 3 个不同品种的大宗商品期货的日收益率序列与所选择的大宗商品综合指数的日收益率序列建立单指数模型。模型的形式为:$r_{it} = a + b r_{mt} + u_t$。考察变量之间的相关性,并估计 β 系数的大小。列出相关系数矩阵。

3.对回归结果进行分析。估计结果不理想的,分析其原因;估计结果理想的,写出回归方程的表达式。分别说明系数估计值的 t 统计量和模型的 R^2、DW 统计量等的大小所代表的意义,并结合模型的估计结果,简要分析 β 系数的经济含义。

五、考核方式

课内完成,在该实验项目结束前提交实验报告文档电子版、Excel 原始数据和 EViews 工作文件的压缩包,文件命名为"学号＋姓名＋实验四",并在全部实验课程结束前按规定时间提交实验报告的纸质版。最终实验成绩按考核标准的正常赋分比例计算。

单指数模型与大宗商品期货 β 系数的估计　　　　知识点补充

实验五　大宗商品期货合约交割日对基差的影响分析

一、实验目的

基差是指某一特定商品在某一特定时间和地点的现货价格与该商品在期货市场的期货价格之差,即基差＝现货价格－期货价格。基差随着期货交割日的临近而缩小,最后在交割日期货和现货价格一致。本实验通过真实数据研究基差随时间变化的趋势。

二、实验要求

通过本实验,利用真实数据分析基差随时间变化的趋势,理解期货价格和现货价格随着到期日的临近而趋于一致的内在原理。

三、实验内容

1.查找几组不同品种大宗商品在期货合约交割日到期前1个月的期货价格和现货价格的数据,以 Excel 形式保存数据,并利用 Excel 的绘图功能分别绘制几组期货价格和现货价格数据的对比图(横轴为时间)。

2.将以上数据导入 EViews 软件,分别生成几组期货价格、现货价格数据的相关系数矩阵。使用软件生成几个品种期货价格、现货价格数据的基差序列,并分别生成基差随时间变化的趋势图。结合图形说明基差随着期货合约交割日临近的变化趋势,并分析这种变化趋势的内在原理。

3.基差大小的影响因素有哪些? 其中最主要的影响因素是什么? 是否基差不为零就有期现套利的机会? 试说明原因。如果上面几组数据中有某组数据存在期现套利的机会,请简述期现套利的操作流程,并分析影响期现套利收益率的因素。

四、实验报告

学生需要根据实验内容将实验过程和结果填写在实验报告中。实验报告格式要求:字体为宋体,字号为小四号,行距为1.5倍。

报告内容:

1.查找前面实验中的3组不同品种大宗商品在期货合约交割日到期前1个月的期货价格和现货价格的数据(例如6月16日是交割日,则选择5月16日至6月15日的收盘价数据),以 Excel 形式保存数据并导出相应表格到 Word 文档,利用 Excel 的绘图功能分别绘制3组期货价格和现货价格数据的对比图(横轴为时间)。

2.将以上数据导入 EViews 软件,分别生成 3 组期货价格、现货价格数据的相关系数矩阵。使用软件生成 3 个品种期货价格、现货价格数据的基差序列,并分别生成基差随时间变化的趋势图。结合图形说明基差随着期货合约交割日临近的变化趋势,并分析这种变化趋势的内在原理。

3.基差大小的影响因素有哪些?其中最主要的影响因素是什么?是否基差不为零就有期现套利的机会?试说明原因。如果上面几组数据中有某组数据存在期现套利的机会,请简述期现套利的操作流程,并分析影响期现套利收益率的因素。

五、考核方式

课内完成,在该实验项目结束前提交实验报告文档电子版、Excel 原始数据和EViews 工作文件的压缩包,文件命名为"学号＋姓名＋实验五",并在全部实验课程结束前按规定时间提交实验报告的纸质版。最终实验成绩按考核标准的正常赋分比例计算。

知识点补充

实验六　大宗商品相关数据的回归分析

一、实验目的

通过本实验,了解在数据处理中两个变量或多个变量之间是否存在关联。本实验中提到的回归分析与相关分析不同:相关分析中的变量是对等的,且都是随机变量,而回归分析旨在分析一个变量的变化是否能预测另一变量的变化。利用前期相关金融数据的整理,来检验或预测大宗商品相关数据的变化。同时,了解并掌握数据的检验方法,来为金融数据的技术分析做铺垫。

二、实验要求

要求学生掌握相关金融及统计学的基础知识,能较为准确地分析数据中变量之间的关系,同时能熟练操作 Excel 软件进行回归分析检验及其结果分析。

三、实验内容

本实验的实验内容分成两部分,分别为一元线性回归分析与多元线性回归分析。

(一) 理论部分

1. 一元线性回归分析。

在一元线性回归模型中,变量分为自变量与因变量。因变量,也可以称为被解释变量,是在回归模型中需要预测的变量。自变量也称为解释变量,是用来预测和解释因变量的。通俗来说,“回归”的实质是研究因变量对自变量的依存关系,主要目的就是检测与寻找一个相对合理可行的数量关系式来进行下一阶段的估计与预测。由于在寻找与截取数据方面的局限性,本实验直接使用一元线性的样本回归方程,其方程为:

$$\hat{y} = a + bx \quad \text{(其中 } a, b \text{ 是常数)} \tag{6-1}$$

运用样本数据的回归方程去预估总体回归方程时,需要计算上述方程中的 a 和 b。预测系数 a 和 b 的方法主要依托回归直线。从理论上来说,最优的回归直线应满足观测值与相对应的回归估计值的离差平方总和最小。因此,根据统计学的理论知识,通常,系数 a 的计算公式为:

$$a = \bar{y} - b\bar{x} = \frac{\sum y}{n} - b\frac{\sum x}{n} \tag{6-2}$$

系数 b 的计算公式为:

$$b = \frac{\sum (x - \bar{x})(y - \bar{y})}{\sum (x - \bar{y})^2} \qquad (6\text{-}3)$$

2.多元线性回归分析。

多元线性回归分析是对因变量与两个以上自变量之间的线性关系的回归分析。相对于一元线性回归分析,多元线性回归分析更具有实际意义。因为在实际问题中,一个数据的变化往往是多重变量导致的,例如螺纹钢期货价格的变化,不仅受其上下游产业链的影响,还会受宏观经济条件的影响。根据多元线性回归模型,方程如下:

$$y = \beta_0 + \beta_1 x_1 + \beta_2 x_2 + \cdots + \beta_k x_k + \varepsilon \qquad (6\text{-}4)$$

式中变量解释如下:

y 是因变量的取值数据;

β_0 是常数项;

β_1、β_2、β_k 是回归系数,表示在其他自变量保持不变的情况下,其中一个自变量变化所引起的因变量变化的程度;

ε 是随机误差项。

因为在总体参数中回归系数是无法估量的,因此同样运用相关的样本观测值进行观察。

(二)实验案例一:一元线性回归分析

本实验以沪金为例,选取上证指数为变量进行回归分析。实验中选取 2010 年至 2016 年的季度期货价格及上证指数,并导入 Excel,如图 6-1 所示。

日期	沪金	上证指数
2010/3/31	246.63	3096.25
2010/6/30	264.17	2802.54
2010/9/30	266.42	2601.13
2010/12/31	297.69	2940.36
2011/3/31	297.96	2876.17
2011/6/30	314.19	2865.72
2011/9/30	368.70	2634.13
2011/12/31	345.44	2388.03
2012/3/31	345.29	2358.06
2012/6/30	329.83	2353.16
2012/9/30	342.28	2122.83
2012/12/31	348.52	2104.40
2013/3/31	331.45	2329.50
2013/6/30	279.19	2208.98
2013/9/30	265.46	2106.48
2013/12/31	253.21	2177.87
2014/3/31	257.64	2058.13
2014/6/30	259.38	2055.05
2014/9/30	255.80	2226.95
2014/12/31	237.91	2728.92
2015/3/31	248.87	3395.22
2015/6/30	241.24	4517.35
2015/9/30	230.98	3629.75
2015/12/31	229.04	3503.12
2016/3/31	253.78	2914.10
2016/6/30	267.26	2938.09
2016/9/30	288.66	3039.77
2016/12/30	274.32	3163.99

图 6-1 沪金 2010—2016 年的季度期货价格及上证指数

步骤一：在打开 Excel 时，需从加载项中加载"数据分析"功能。操作如下：

点击左上角"文件"，选择"选项"并点击进入，选择"加载项"，得到"加载项"对话框，如图 6-2 所示。

图 6-2 "加载项"对话框

点击"确定"后即可在 Excel 的"数据"栏中使用"数据分析"功能,如图 6-3 所示。

图 6-3 Excel 的"数据"栏目

步骤二:将 Excel 导入的"沪金"期货价格与"上证指数"选中,点击"数据"中的"数据分析",并选择"回归",如图 6-4 所示。

图 6-4 "数据分析"中的"回归"选项

点击"确定"后,得到如图 6-5 所示的对话框。

Y 值输入区域:输入的是因变量观测数据的起止单元格。

X 值输入区域:输入的是自变量观测数据的起止单元格。

图 6-5　"回归"对话框

点击"确定"后,得到回归估计结果,如图 6-6 所示。

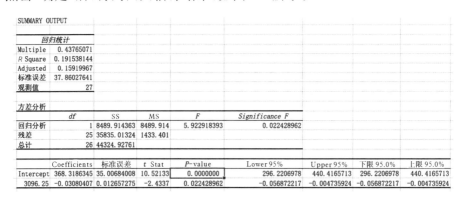

图 6-6　回归估计结果

回归结果参数说明:

1. R Square:判定系数。表示样本数据观测值对应的点落在一条直线上,因变量的变动都可由该直线进行线性分析来预测评估。R^2 越接近 1,说明该线性关系对样本观测值的拟合效果越好;R^2 越接近 0,说明拟合效果越差;当 $R^2=0$ 时,说明因变量的变化不能由该线性关系来解释。

2. Multiple:两个变量之间的相关系数。

3. df:自由度。方差表格中的第一行是回归自由度,即变量数目;第二行是残差自由度,即样本数目减去变量数目再减 1;第三行是总自由度。

4. SS:误差平方和,也称总离差平方和,包括两部分内容,分别为 SS 列表下第一行的回归平方和(SSR)与第二行的残差平方和(SSE)。回归平方和指的是因变量总的变异中可由回归直线做出描绘解释的部分。残差平方和指的是因变量无法使用该回归直线解释的部分。根据上述定义,可以判断回归平方和的比重越大,该样本回归直线对样本数据的拟合程度越好。

5. MS:均方误差。它是残差平方和除以相应的自由度得到的商。这与回归结果中第一张表格的"标准误差"相对应,是通过均方误差的平方根得到的。标准误差越小,平均来看,该回归估计值的运算误差就越小,即预测误差越小。

6. F:F 值是用来判定线性关系的。同时"Significance F"指的是在显著性水平下的 F 临界值,即弃真概率,在统计学中也就是 P 值。在显著性检验中,原假设是不存在线性关系的,也就是说,当 P 值小于显著性水平时便拒绝原假设,说明两个变量之间存在线性关系。

7. Coefficients:指的是对应模型的回归系数,包括截距(intercept)和斜率,由此来填写该回归直线式。

8. t-stat:指的是 t 检验的值,与上述 F 检验类似。

回归结果分析说明:

从最后的一个参数表中可以得出因变量与自变量之间的关系式:

$$\hat{y} = 368.3186 - 0.0308X_i \qquad (6\text{-}5)$$

从表格中的 F 检验来看,F 值为 5.92,相对应的 P 值为 0.02,即小于 0.05,因此拒绝原假设即因变量与自变量之间存在线性关系。但该回归方程的拟合程度好不好,还需从以下几个方面进行观察:第一,R^2 为 0.19,距离 1 还有一定的距离。同时结合 SS 总离差平方和来看,可以发现残差平方和的比重为 0.81(0.81 = 35835.01/44324.93),远远大于回归平方和的比重,更能判断该样本回归直线对样本数据的拟合程度差。第二,标准误差值为 37.86,说明运算误差加大,即运用该回归直线的效果不佳。

(三)实验案例二:多元线性回归分析

步骤一:多元线性回归模拟分析同样以沪金为例,选取上证指数与纽交所的黄金期货价格为变量进行回归分析。实验中选取 2010—2016 年每季度的上海黄金期货价格、上证指数及纽交所的黄金期货价格,并导入 Excel,如图 6-7 所示。

	A	B	C	D
	日期	沪金	comex黄金	上证指数
	2010/3/31	246.63	1108.20	3096.25
	2010/6/30	264.17	1198.10	2802.54
	2010/9/30	266.42	1227.10	2601.13
	2010/12/31	297.69	1368.40	2940.36
	2011/3/31	297.96	1386.90	2876.17
	2011/6/30	314.19	1507.60	2865.72
	2011/9/30	368.70	1720.90	2634.13
	2011/12/31	345.44	1687.00	2388.03
	2012/3/31	345.29	1694.40	2358.06
	2012/6/30	329.83	1607.70	2353.16
	2012/9/30	342.28	1663.40	2122.83
	2012/12/31	348.52	1720.40	2104.40
	2013/3/31	331.45	1628.70	2329.50
	2013/6/30	279.19	1403.30	2208.98
	2013/9/30	265.46	1325.90	2106.48
	2013/12/31	253.21	1273.90	2177.87
	2014/3/31	257.64	1298.60	2058.13
	2014/6/30	259.38	1291.10	2055.05
	2014/9/30	255.80	1279.90	2226.95
	2014/12/31	237.91	1199.30	2728.92
	2015/3/31	248.87	1221.10	3395.22
	2015/6/30	241.24	1193.50	4517.35
	2015/9/30	230.98	1123.90	3629.75
	2015/12/31	229.04	1104.60	3503.12
	2016/3/31	253.78	1193.80	2914.10
	2016/6/30	267.26	1265.20	2938.09
	2016/9/30	288.66	1338.40	3039.77
	2016/12/30	274.32	1224.50	3163.99

图 6-7　2010—2016 年每季度的上海黄金期货价格、上证指数及纽交所黄金期货价格

步骤二：点击 Excel 中的"数据"选项，并在最右端选择"数据分析"。同时在对话框中选择"回归"，点击"确定"，出现如图 6-8 所示的对话框。

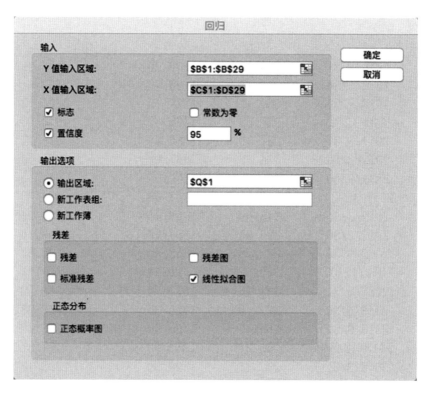

图 6-8　"回归"对话框

在 Y 值输入区域,输入因变量"沪金"的期货价格。

在 X 值输入区域,输入自变量"上证指数"与纽交所的黄金期货价格。

点击"确定"后得到检验结果,如图 6-9 所示。

SUMMARY OUTPUT								
回归统计								
Multiple	0.974001							
R Square	0.948678							
Adjusted	0.944572							
标准误差	9.690523							
观测值	28							
方差分析								
	df	SS	MS	F	gnificance F			
回归分析	2	43396.07	21698.04	231.0607	7.56E-17			
残差	25	2347.656	93.90623					
总计	27	45743.73						
	Coefficients	标准误差	t Stat	P-value	Lower 95%	Upper 95%	下限95.0%	上限95.0%
Intercept	-16.5625	22.16777	-0.74714	0.461946	-62.2179	29.09285	-62.2179	29.09285
comex黄金	0.206999	0.010856	19.06824	2.08E-16	0.184641	0.229357	0.184641	0.229357
上证指数	0.006385	0.003789	1.685244	0.104386	-0.00142	0.014189	-0.00142	0.014189

图 6-9　回归估计结果

注:图 6-9 的参数说明与一元线性回归分析中的参数说明类似,故不再做相关解释。

多元线性回归结果分析：

从最后一个参数表中可以得出因变量与自变量之间的关系式：

$$\hat{y} = -16.5625 + 0.20699\text{comex 黄金} + 0.006385 \text{上证指数}_i \quad (6\text{-}6)$$

从上述的检验结果来看，判定系数 R^2 的值为 0.9487，同时标准误差的值为 9.6905，说明沪金期货价格与上证指数、纽交所的黄金期货价格的相关程度很高，回归方程的拟合程度较好。同时其标准误差小，平均来看该回归估计值的运算误差就小，即预测误差小。

从方差分析的结果可以看到，SS 总离差平方和中的回归平方和的比重达到 0.9487（0.9487＝43396.07/45743.73），更能判断该样本回归直线对样本数据的拟合程度较好。回归方程的检验结果显示，F 值为 231.0607，其相对应的显著性水平接近 0，说明上述变量之间的总体线性回归模型是显著的。

检验结果中还给出了各参数值相对应的 t 检验与相对应的 P 值。其中"comex 黄金"的 P 值接近 0，说明该自变量在回归模型中较为显著。相比之下，"上证指数"的 P 值为 0.1043，拒绝了原假设，说明此变量在回归模型中不具有显著的线性影响。

四、实验报告

学生需要根据实验内容将实验过程和结果填写在实验报告中。实验报告格式要求：字体为宋体，字号为小四号，行距为 1.5 倍。

报告内容：

1. 在行情软件中选取 1 个大宗商品期货的品种，从宏观经济和产业链 2 个方面进行简单的理论分析。

2. 按照上述选取的大宗商品期货品种与宏观经济数据中的 1 个相关影响指标进行一元线性回归。实验过程中请截取主要操作过程的图片，同时阐述检验结果。

3. 将上述选取的大宗商品期货品种，与宏观经济、产业链的影响（至少 2 个影响因素的指标）进行多元线性关系的检验。同样，在实验过程中截取主要操作过程的图片，同时阐述该实验的结果。

五、考核方式

课内完成，在该实验项目结束前提交实验报告文档电子版、Excel 原始数据和相对应参照函数的截图，文件命名为"学号＋姓名＋实验六"，并在全部实验课程结束前按规定时间提交实验报告的纸质版。最终实验成绩按考核标准的正常赋分比例计算。

大宗商品相关数据的回归分析

第三篇　相关金融数据检验与分析

实验七 单位根的检验——以沪金为例

一、实验目的

通过本实验,使学生理解单位根检验的含义,同时掌握其操作方法,从而了解金融数据平稳性的重要意义。

单位根检验是由 Dickey-Fuller 在 1997 年提出的,用来检验数据序列中是否存在单位根。若存在单位根,那么说明该数据有可能存在虚假回归问题,则该数据不能进行回归模型的运算。相反,若不存在单位根,说明该序列具有平稳性,可以使用该数据进行模拟运算分析。

存在单位根的时间序列,一般都显示出明显的记忆性和波动的持续性,因此单位根检验是协整关系存在性检验和序列波动持续性讨论的基础。

二、实验要求

通过进入期货交易软件(赢顺云交易),记录上海期货交易所的沪金期货价格、纽约商品交易所的黄金期货价格和上证指数的季度价格或指数。同时,运用 EViews 软件对 3 组数据进行单位根的检验。(在本实验中,以 ADF 检验为主)

三、实验内容

(一)相关理论知识

单位根的检验方法有很多种,这里主要介绍 ADF 的运算操作。

DF 检验相对于 ADF 检验来说,仅仅适合于一阶自回归过程的平稳性检验。如果想让 DF 检验适用于 AR(p)过程的平稳性测试,那么必须对 DF 检验进行修正,因此产生了 Augmented Dickey-Fuller(ADF)的平稳性检验。其原理为:在 AR(p)过程中,如果检验结果显示的所有特征根都在单位圆内,则序列{x}平稳,如果有一个特征根存在且为 1,则序列非平稳,且自回归系数之和恰好等于 1。

ADF 检验过程主要有三个步骤:

第一,对原始数据的时间序列进行检验。若在此基础上没有通过检验,那么说明原始数据的时间序列并不稳定,需要进行一阶差分。

第二,原始数据的一阶差分。在上述原始数据的时间序列不稳定的情况下,需要进行一阶差分后再检验。若数据通过检验则进行下一步骤的运算。

第三,若上述步骤同样未通过平稳性的检验,那么需要进行二次差分。一般数据进行二次差分后基本可以平稳。

(二)案例模拟——以上海期货交易所的沪金为例

步骤一：打开期货交易软件（例如赢顺云交易），点击"板块"，进入"上海期货交易所"，找到"沪金"，如图 7-1 所示。

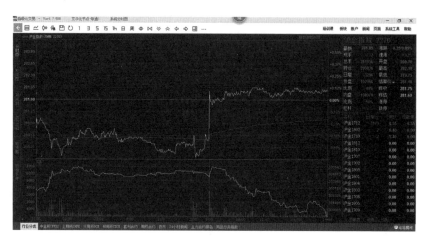

图 7-1　赢顺云交易软件中上海期货交易所的沪金页面

点击 K 线图，同时输入"15enter"，就能得到沪金的季度价格走势，如图 7-2 所示。

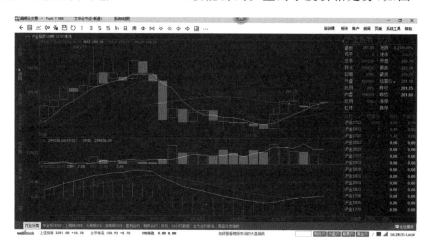

图 7-2　沪金季度价格走势

同样地，在"板块"中选中"外盘期货"，并选择"纽约商品交易所"，选择"CMX 金"的期货价格，如图 7-3 所示。

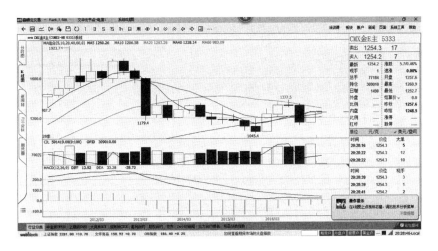

图 7-3　纽约商品交易所中"CMX 金"的期货价格

同理,上证指数的季度指数如图 7-4 所示。

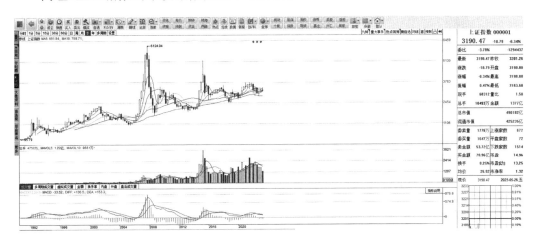

图 7-4　上证指数的季度指数

实验选取 2010—2016 年的季度数据,并将 3 组数据整理并导入 Excel 中,所得如图 7-5 所示。

	日期	沪金	comex黄金	上证指数
1				
2	2010/3/31	246.63	1108.20	3096.25
3	2010/6/30	264.17	1198.10	2802.54
4	2010/9/30	266.42	1227.10	2601.13
5	2010/12/31	297.69	1368.40	2940.36
6	2011/3/31	297.96	1386.90	2876.17
7	2011/6/30	314.19	1507.60	2865.72
8	2011/9/30	368.70	1720.90	2634.13
9	2011/12/31	345.44	1687.00	2388.03
10	2012/3/31	345.29	1694.40	2358.06
11	2012/6/30	329.83	1607.70	2353.16
12	2012/9/30	342.28	1663.40	2122.83
13	2012/12/31	348.52	1720.40	2104.40
14	2013/3/31	331.45	1628.70	2329.50
15	2013/6/30	279.19	1403.30	2208.98
16	2013/9/30	265.46	1325.90	2106.48
17	2013/12/31	253.21	1273.90	2177.87
18	2014/3/31	257.64	1298.60	2058.13
19	2014/6/30	259.38	1291.10	2055.05
20	2014/9/30	255.80	1279.90	2226.95
21	2014/12/31	237.91	1199.30	2728.92
22	2015/3/31	248.87	1221.10	3395.22
23	2015/6/30	241.24	1193.50	4517.35
24	2015/9/30	230.98	1123.90	3629.75
25	2015/12/31	229.04	1104.60	3503.12
26	2016/3/31	253.78	1193.80	2914.10
27	2016/6/30	267.26	1265.20	2938.09

Sheet1 / Sheet2 / Sheet3

就绪

图 7-5　2010—2016 年沪金、comex 黄金、上证指数季度数据

步骤二：打开 EViews,并在其中建立时间序列文件。操作如下：点击"File"选项,在下拉菜单中选择"New"选项的"Workfile",如图 7-6 所示。

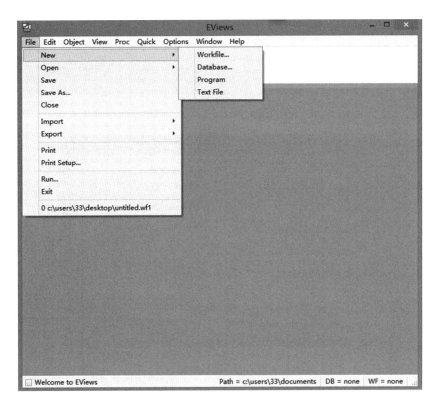

图 7-6　建立时间序列文件操作步骤

点击"Workfile"之后,得到如图 7-7 所示的对话框。

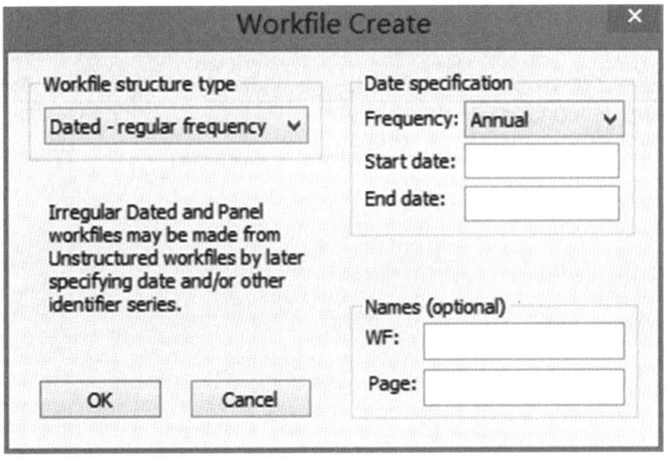

图 7-7　"Workfile Create"对话框

图 7-7 对话框中的基本信息解释如下:

Workfile structure type 指的是数据的时间序列有时候有规律。若有规律,选择
"Dated-regular frequency";若无规律,选择"Undated or irregular"。

Frequency：选择数据的频率。例如，每年——Annual，每半年——Semi-annual，季度——Quarterly，月度——Monthly，等等。

Start date：起始日期。

End date：结束日期。

根据之前数据的信息进行填写，并点击"OK"，如图 7-8 所示。

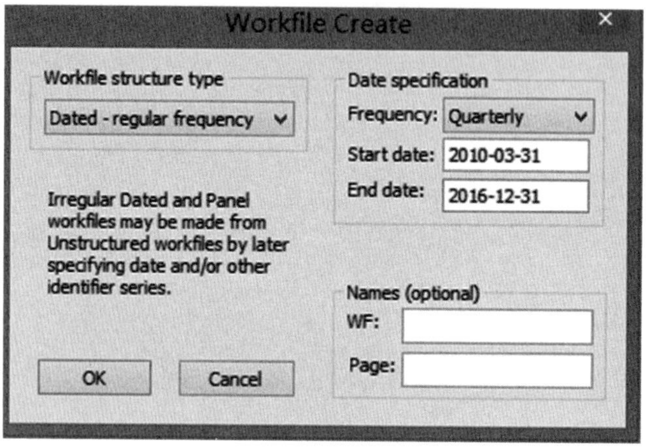

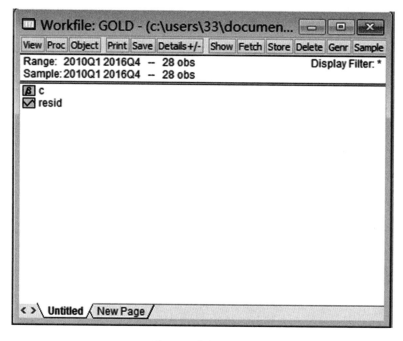

图 7-8 填写数据

在弹出对话框后，点击"New Object"，再根据之前的数据，选择"Series"，并在"Name for object"项中填写你所需要的名字，点击"OK"。操作步骤如图 7-9、图 7-10、图 7-11 所示。

图 7-9 弹出的页面

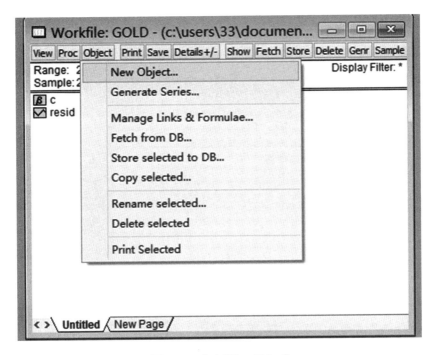

图 7-10 点击"New Object"

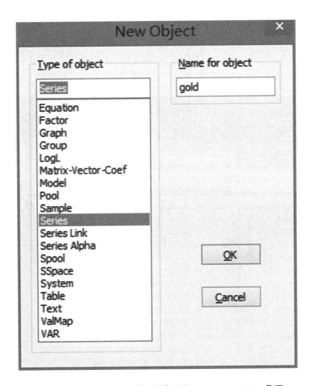

图 7-11 选择"Series",并填写"Name for object"项

点击"OK"后,得到如图 7-12 所示的页面。

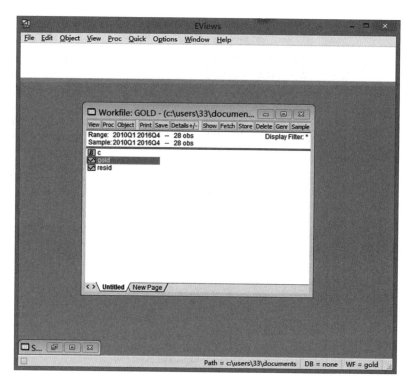

图 7-12　弹出的页面

点开图 7-12 中的"gold"文档，并点击"Edit＋/－"，随后将 Excel 中的上海期货交易所的沪金期货价格进行复制，粘贴到"gold"文件中，操作如图 7-13 所示。

					GOLD
		Last updated: 04/07/17 - 13:44			
2010Q1	246.6300				
2010Q2	264.1700				
2010Q3	266.4200				
2010Q4	297.6900				
2011Q1	297.9600				
2011Q2	314.1900				
2011Q3	368.7000				
2011Q4	345.4400				
2012Q1	345.2900				
2012Q2	329.8300				
2012Q3	342.2800				
2012Q4	348.5200				
2013Q1	331.4500				
2013Q2	279.1900				
2013Q3					

图 7-13　粘贴数据

根据创建的"gold"文件,点击"View",随后点击"Graph…",如图 7-14 所示。

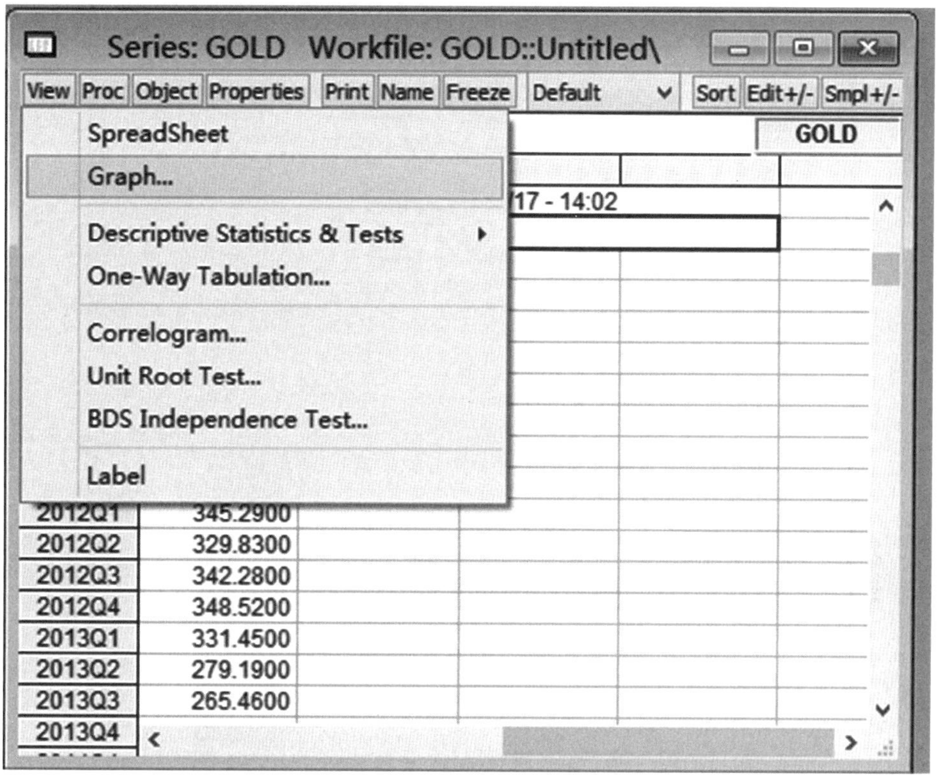

图 7-14　点击"Graph"

在"Graph…"选项中选择"Line & Symbol",点击"确定"就可以得到时序图。操作步骤如图 7-15、图 7-16 所示。

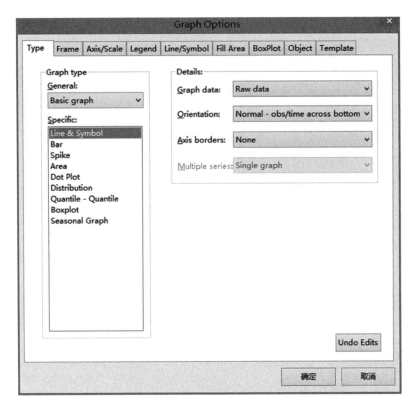

图 7-15   选择"Line & Symbol"

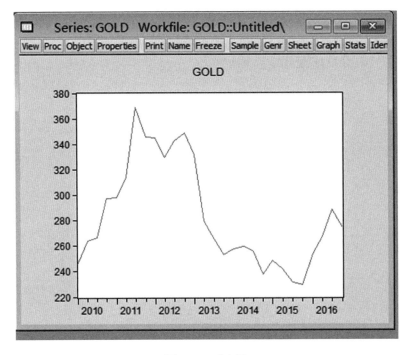

图 7-16   时序图

从图 7-16 中,我们可以看到,上海期货交易所沪金指数的变化有一定的趋势,因此时间序列相对来说是不平稳的。

步骤三:除了对时序图的观察,我们还将用 ADF 检验来进一步验证。

同样运用 EViews 中的"gold"文档,点击"View",选择"Unit Root Test",如图 7-17、图 7-18 所示。

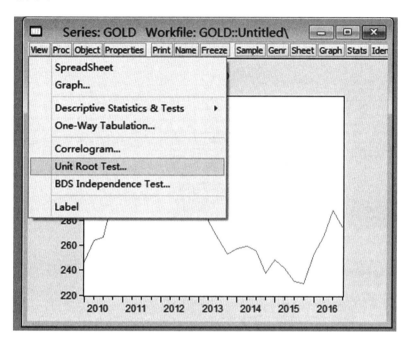

图 7-17　点击"Unit Root Test"

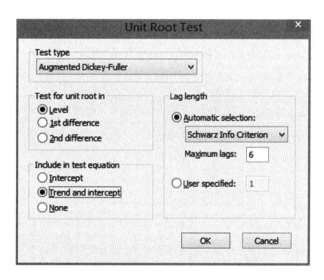

图 7-18　弹出的"Unit Root Test"对话框

点击"OK",得到 ADF 检验的结果,如图 7-19 所示。

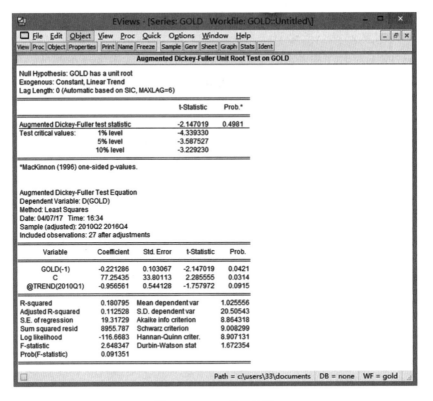

图 7-19 ADF 检验结果

从图 7-19 的 ADF 检验结果来看,临界概率为 0.4981,P 值比 α 水平大,所以要接受原假设,认为该数据是非平稳序列。

步骤四:对原始数据序列进行平稳化处理。在上述界面中点击"View",并点击"Unit Root Test",同样出现如图 7-20 所示的对话框,但值得注意的是在"Test for u-nit root in"处,将"Level"改为"1st difference",在"Include in test equation"中将"Trend and intercept"改为"Intercept",其他不做改变。点击"OK"即可得到如图 7-21所示的结果。

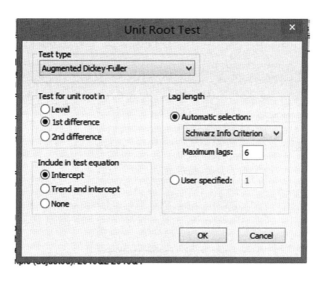

图 7-20 "Unit Root Test"对话框

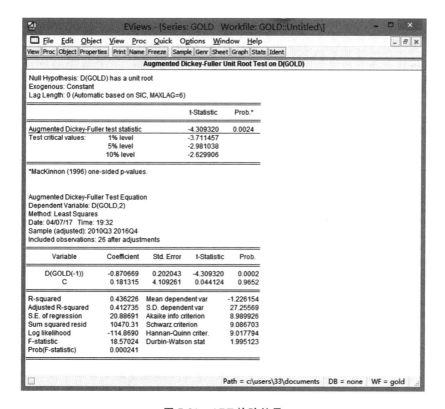

图 7-21 ADF 检验结果

从图 7-21 的结果中可以看到,ADF 的统计值为−4.3093,同时相应的临界值概率为 0.0024,即比显著性 α 小,所以要拒绝原假设,并认为该时间序列通过一阶差分是平稳的。

步骤五:对上证指数序列进行类似的操作,来验证其是否平稳。主要操作如下。在由上述步骤所建立的"Workfile"中,再次点击"New Object",如图7-22所示。

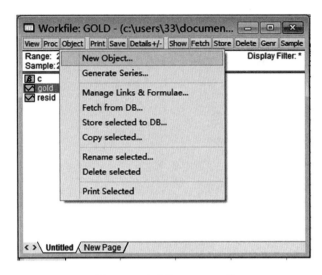

图7-22 点击"New Object"

在建立新的文档后,将上证指数命名为"sh",形成如图7-23所示的对话框。

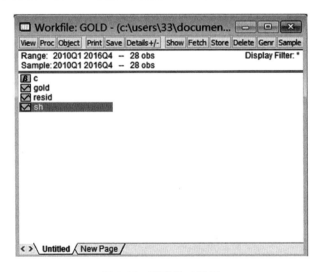

图7-23 弹出的对话框

同时,将Excel中的上证指数进行复制、粘贴,形成如图7-24所示的文档。

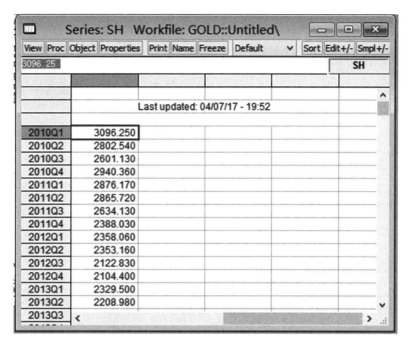

图 7-24　粘贴数据

接着,重复步骤四的操作,在上述文档中点击"View"并选择"Unit Root Test",得到如图 7-25 所示的检验结果。

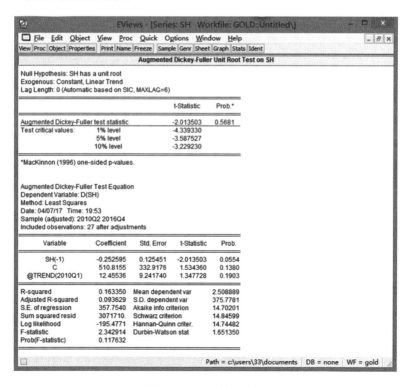

图 7-25　ADF 检验结果

从结果来看,我们可以发现,该临界值概率为 0.5681,P 值比 α 水平大,所以要接受原假设,认为该数据是非平稳序列。也就是说,我们需要进行一阶差分的运算。随即可以得到如图 7-26 所示的一阶差分的检验结果。

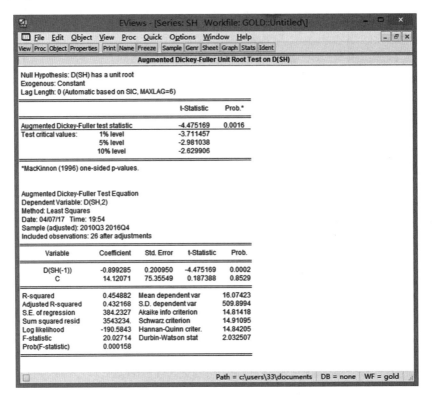

图 7-26 一阶差分的检验结果

从一阶差分的检验结果来看,临界值概率为 0.0016,即比显著性 α 小,所以要拒绝原假设,并认为该时间序列通过一阶差分是平稳的。

从两次验证的结果来看,沪金指数序列本身是不平稳的,但是它的一阶差分是平稳的。上证指数也存在同样的情况,其序列也是一阶单整的。因此,可以发现两组数据是同阶的,两者的序列存在协整关系。我们将在下一个实验中来验证这一结果。

四、实验报告

学生需要根据实验内容将实验过程和结果填写在实验报告中。实验报告格式要求:字体为宋体,字号为小四号,行距为 1.5 倍。

报告内容:

1. 在中国人民银行网站中下载 2010—2016 年的"货币供应量"数据,并进行 EViews 软件数据的 ADF 检验。

2. 根据实验中的步骤和 Excel 中的纽约商品交易所的黄金期货价格数据,运用

EViews 软件进行 ADF 检验。

3.对两组数据进行 ADF 检验之前,先进行时间序列图的展示,并说明是否有增长或降低等趋势。

4.对 ADF 的检验结果进行一定的分析,并说明该时间序列是否进行一阶差分或二阶差分。

五、考核方式

课内完成,在该实验项目结束前提交实验报告文档电子版、Excel 原始数据和 EViews 工作文件的压缩包,文件命名为"学号＋姓名＋实验七",并在全部实验课程结束前按规定时间提交实验报告的纸质版。最终实验成绩按考核标准的正常赋分比例计算。

单位根的检验

相关基础知识补充

单位根的检验(学生范例)

实验八　协整检验——以沪金与上证指数为例

一、实验目的

通过本实验，了解协整的基本概念与定义，理解其与单位根检验之间的关系与不同。让学生基本掌握 EViews 的操作步骤，从而提高对金融数据的分析处理能力。

二、实验要求

1.要求学生掌握交易软件的操作方法与 Excel 中金融数据的处理方式。

2.要求学生能基本运用 EViews 软件的协整检验操作，同时对数据分析结果有一定的判断与解读能力。

三、实验内容

（一）理论知识

在单位根检验中，主要检验的是数据的时间序列是否平稳，而协整是在时间序列平稳性的基础上做长期趋势分析。

数据往往存在被外界因素影响的情况，这部分的影响并不是长期的，而是短暂的。例如在短期内由于季节影响或随机干扰，这些变量有可能偏离均值。如果这种偏离是暂时的，那么随着时间推移在短期内将会回到均衡状态，且这些变量还是存在着长期均衡关系，这是建立和检验模型的基本出发点。相反，如果偏离是持久的，就不能说这些变量之间存在均衡关系。通常，我们利用协整检验来判断数据中是否存在这种均衡关系。如果选取的数据是非平稳时间序列且具有协整关系，说明其具有长期均衡关系，同时说明残差序列应该是平稳的，这样就不会产生虚假回归的问题了。

（二）实验演示一

根据单位根的数据进行协整检验。

步骤一：根据单位根检验实验中的数据来进行下一步的检验。

打开 EViews 软件，在原有的文档基础上，将"gold"和"sh"合并成同一文档以便做协整检验。操作如下：点击"gold"文档，并按住"Ctrl"键，再点击"sh"文档。同时点击鼠标右键，选择"open"，点击"as group"，随即形成新的文档。如图 8-1、图 8-2 所示。

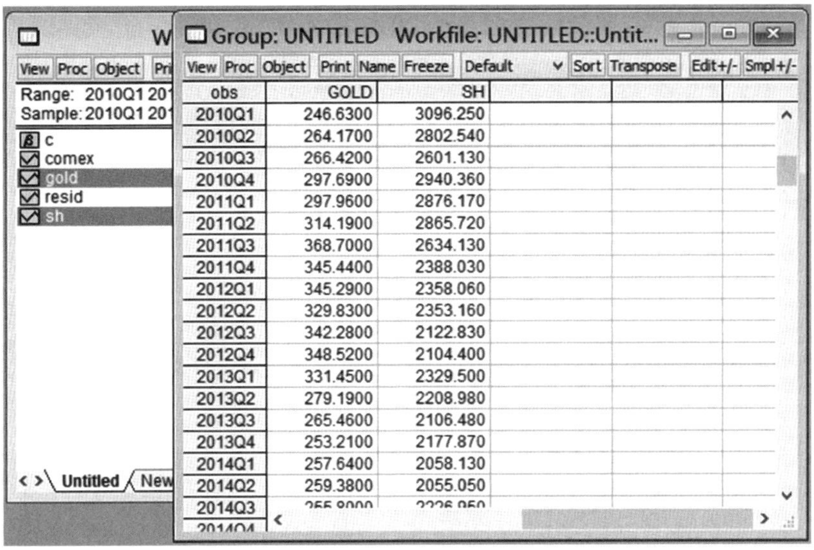

obs	GOLD	SH
2010Q1	246.6300	3096.250
2010Q2	264.1700	2802.540
2010Q3	266.4200	2601.130
2010Q4	297.6900	2940.360
2011Q1	297.9600	2876.170
2011Q2	314.1900	2865.720
2011Q3	368.7000	2634.130
2011Q4	345.4400	2388.030
2012Q1	345.2900	2358.060
2012Q2	329.8300	2353.160
2012Q3	342.2800	2122.830
2012Q4	348.5200	2104.400
2013Q1	331.4500	2329.500
2013Q2	279.1900	2208.980
2013Q3	265.4600	2106.480
2013Q4	253.2100	2177.870
2014Q1	257.6400	2058.130
2014Q2	259.3800	2055.050

图 8-1　选择“gold”文档和“sh”文档

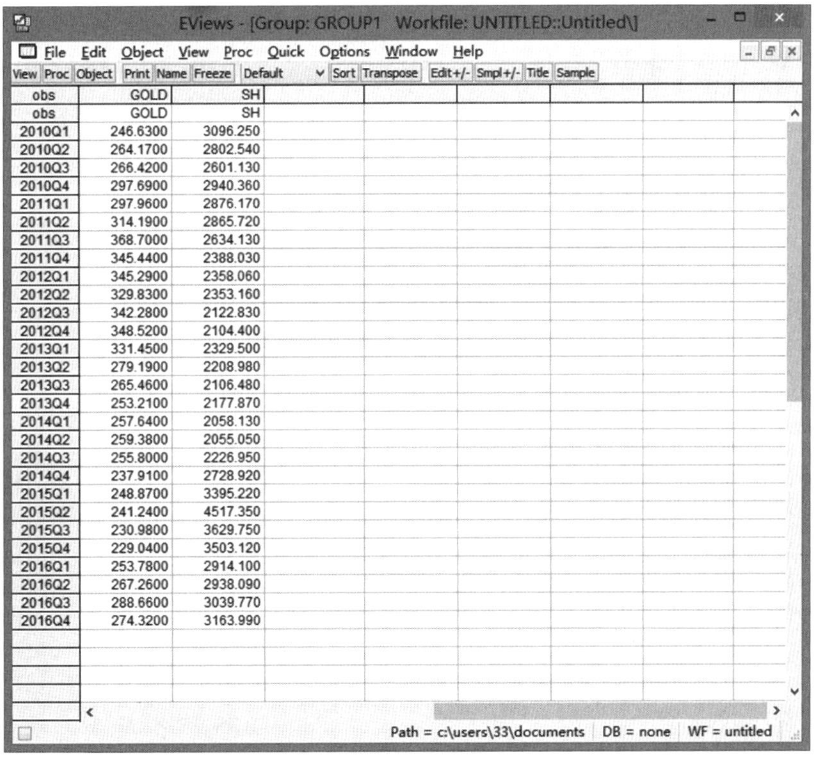

obs	GOLD	SH
obs	GOLD	SH
2010Q1	246.6300	3096.250
2010Q2	264.1700	2802.540
2010Q3	266.4200	2601.130
2010Q4	297.6900	2940.360
2011Q1	297.9600	2876.170
2011Q2	314.1900	2865.720
2011Q3	368.7000	2634.130
2011Q4	345.4400	2388.030
2012Q1	345.2900	2358.060
2012Q2	329.8300	2353.160
2012Q3	342.2800	2122.830
2012Q4	348.5200	2104.400
2013Q1	331.4500	2329.500
2013Q2	279.1900	2208.980
2013Q3	265.4600	2106.480
2013Q4	253.2100	2177.870
2014Q1	257.6400	2058.130
2014Q2	259.3800	2055.050
2014Q3	255.8000	2226.950
2014Q4	237.9100	2728.920
2015Q1	248.8700	3395.220
2015Q2	241.2400	4517.350
2015Q3	230.9800	3629.750
2015Q4	229.0400	3503.120
2016Q1	253.7800	2914.100
2016Q2	267.2600	2938.090
2016Q3	288.6600	3039.770
2016Q4	274.3200	3163.990

图 8-2　形成新文档

步骤二：进行协整检验。由于之前我们已验证沪金的期货价格与上证指数都是平稳的，形成“group-gold”文档后，直接点击该文档中的“View”，选择“Cointegration

Test",如图 8-3 所示。

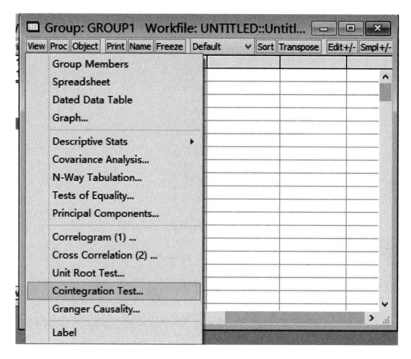

图 8-3 选择"Cointegration Test"

随即弹出对话框,如图 8-4 所示。

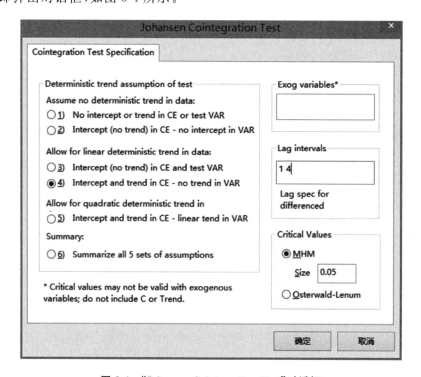

图 8-4 "Johansen Cointegration Test"对话框

对话框中的信息说明如下：

"Deterministic trend assumption of test"选择框中有 6 个备选项，分别对"Assume no deterministic"序列的特点、"Cointegration equation"协整方程和"Vector autoregression(VAR)"向量自回归方程的形式进行限定。

其中，序列特点是指待检验序列是否含趋势项，包含了 3 种不同的情况："no deterministic trend in data""linear deterministic trend in data""quadratic deterministic trend in data"，其相对应的中文为无趋势项、有线性趋势项和有二次趋势项。协整方程的形式主要是指待检验的 2 个序列的协整方程是否含截距项和时间趋势项，向量自回归方程的形式指的是 VAR 模型本身是否含截距项和时间趋势项。因此在本次实验中选择选项 4："Intercept and trend in CE-no trend in VAR"。

"Exog variables"是指在 VAR 模型中除了常数项、趋势项和滞后差分项以外，可能包含的外生变量，如季节虚拟变量。"Lag intervals"明确了 VAR 检验方程中所包含滞后差分项的阶数，我们选择默认的"1—4"，表示模型中包含 4 期滞后差分项。

"Critical Values"的临界值可以选填 0.05，也可以填 0.1。也就是说，在统计推断中，我们可以使用与临界值相对应的 P 值与显著水平 α 进行比较，从而得出结论。

在选填上述条件完成后，点击"OK"得到如图 8-5 所示的结果。

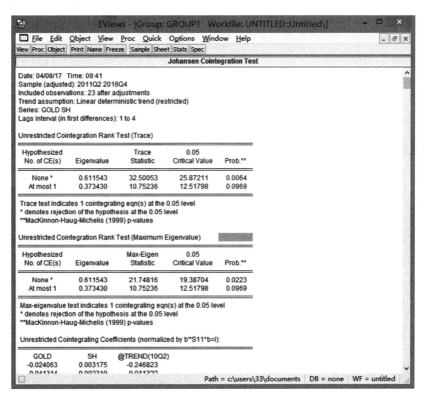

图 8-5　"Johansen Cointegration Test"结果

在图 8-5 中,第一张表格中的第一列显示了协整关系的个数;第二列指的是特征值,同时由大到小排列;第三列则是该数据的统计量;第四列为 5% 显著性水平下的临界值;第五列为 P 值。

针对上述结果,可以从迹检验(Trace test)和最大特征值检验(Max-eigenvalue test)两个方面来看。在第一列下写着"Trace test indicates 1 cointegrating eqn(s) at the 0.05 level",表明在迹检验中存在一个协整关系。同时从迹检验中的临界值 P-value 为 0.0064 和 0.0969 可见,第一个拒绝原假设(P 值小于 0.05),需要说明的是在协整检验中的原假设为该数据不存在协整关系,由此说明该序列存在一个协整关系。从最大特征值检验来看,列表下方叙述"Max-eigenvalue test indicates 1 cointegrating eqn(s) at the 0.05 level",说明存在一个协整关系,同理,从 P 值也可以来判断。说明在样本期间,沪金期货价格和上证指数之间存在协整关系,两者存在长期均衡关系。

(三)实验演示二

我们用同样的方法来测算沪金的期货价格与纽交所的黄金期货价格是否存在协整关系。值得注意的是,在运用协整检验的时候,序列需要是同阶单整的。我们先将纽交所的黄金期货价格进行单整。操作如下。

步骤一:从 Excel 中将纽交所的黄金期货价格导入 EViews 中,形成"comex"文档,结果如图 8-6 所示。

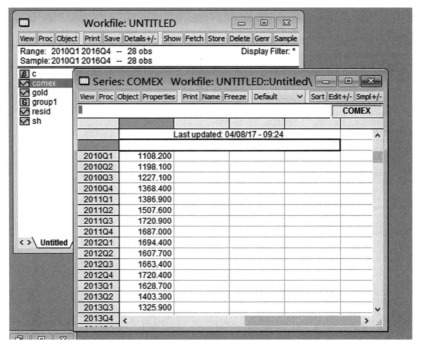

图 8-6　形成"comex"文档

步骤二:对纽交所的黄金期货价格进行 ADF 检验,确保其与沪金是同阶的,以便进行协整检验。操作如图 8-7、图 8-8 所示。

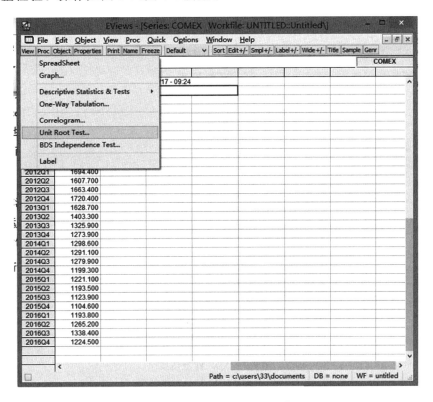

图 8-7　选择"Unit Root Test"

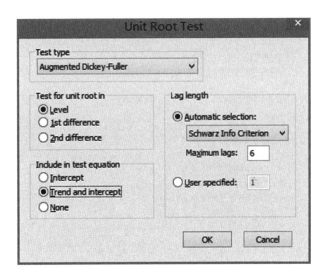

图 8-8　填写"Unit Root Test"对话框

点击"OK"后,得到如图 8-9 所示的对话框。

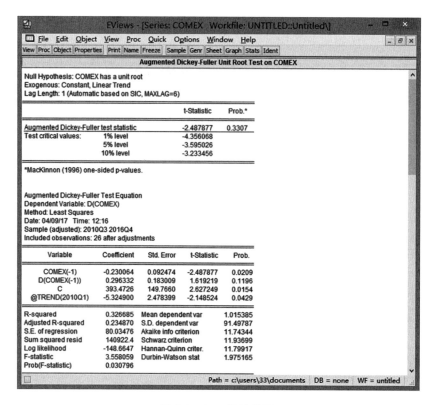

图 8-9　ADF 检验结果

从图 8-9 中,可以看到 P 值为 0.3307,大于 0.05,说明接受原假设,存在单位根且数据不平稳。因此,需要进行一阶检验。操作如图 8-10 所示。

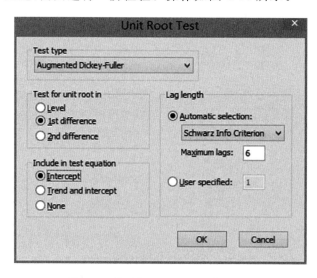

图 8-10　填写"Unit Root Test"对话框

从如图 8-11 所示的 ADF 检验结果来看,P 值为 0.0192,小于 0.05,说明拒绝原假设,不存在单位根且数据平稳。

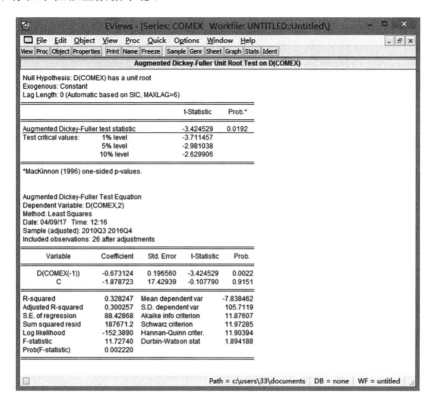

图 8-11　一阶检验结果

由此,我们可以将沪金的期货价格与纽交所的黄金期货价格进行协整检验。主要操作如图 8-12、图 8-13 所示。

图 8-12　选择数据

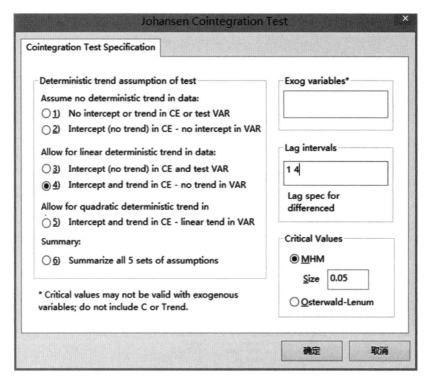

图 8-13　填写"Johansen Cointegration Test"对话框

从如图 8-14 所示的检验结果来看,迹检验表明两组序列存在一个协整关系,且其中 P 值小于 0.05,拒绝了原假设。同时最大特征值检验列表下方写着"Max-eigen-value test indicates 1 cointegrating eqn(s) at the 0.05 level",说明存在一个协整关系,同理,从 P 值也可以来判断。说明在样本期间,沪金期货价格和纽交所的黄金期货价格之间存在协整关系,两者存在长期均衡关系。

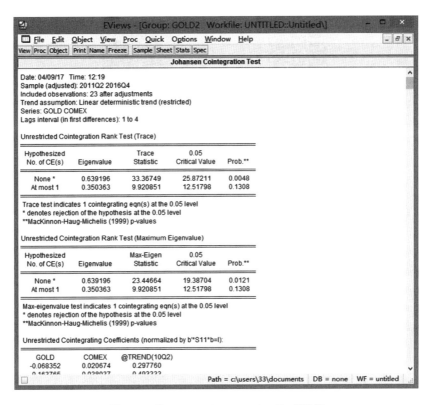

图 8-14 "Johansen Cointegration Test"结果

四、实验报告

学生需要根据实验内容将实验过程和结果填写在实验报告中。实验报告格式要求：字体为宋体，字号为小四号，行距为 1.5 倍。

报告内容：

1.选择一个大宗商品期货的品种，并从宏观、上下游产业链等方面分析其价格影响因素。

2.根据选择的大宗商品期货品种，选择至少三组相关影响因素的数据进行 ADF 检验，根据检验结果来分析数据是否平稳，并说明其为同阶单整。

3.对三组数据进行协整检验，根据检验结果来分析说明该数据是否存在协整关系或长期均衡关系。

五、考核方式

课内完成，在该实验项目结束前提交实验报告文档电子版、Excel 原始数据和EViews 工作文件的压缩包，文件命名为"学号＋姓名＋实验八"，并在全部实验课程结束前按规定时间提交实验报告的纸质版。最终实验成绩按考核标准的正常赋分比例计算。

协整检验 协整检验（学生范例）

实验九　格兰杰因果关系检验

一、实验目的

通过本实验,了解格兰杰因果关系的理论基础及基本的检验方法。同时,对于数据的检验结果能熟练地进行分析说明。

二、实验要求

要求学生掌握 Excel 软件的基本操作方法,掌握相关金融或经济背景知识,能正确收集和整理金融数据。同时基本能运用 EViews 软件来进行相关数据的格兰杰因果关系检验,并对结果进行准确分析。

三、实验内容

(一)相关理论

格兰杰因果关系检验是一种检验变量之间是否存在因果关系的方法,其主要定义为:对于 2 个变量 x 和 y,在消除了本身数据的趋势之后,x 和 y 的过去值同时对本期或未来的 y 值进行预测,若其相较于单独使用 y 的过去值的预测效果更甚,则表明 x 是 y 的格兰杰原因。检验中因果关系指的是变量之间的依赖性,其中的结果变量是由原因变量所决定的,同时结果变量的变化随着原因变量的变化而改变。

值得注意的是,在分析格兰杰因果关系检验结果时,如果一个变量 x 的过去值对预测另一个变量 y 没有任何帮助,则说明变量 x 不是变量 y 的原因。若变量 x 是变量 y 的原因,则必须满足 2 个条件:第一,变量 x 能够起到预测变量 y 的作用,即在变量 y 关于变量 y 的过去值的回归中,添加 x 的过去值作为独立变量应当显著地提高回归的解释能力;第二,变量 y 不能有助于预测变量 x,理由是如果变量 x 可以对预测变量 y 起到作用,变量 y 同样也对变量 x 起到预测作用,则很可能存在一个或几个其他变量,它们既是引起变量 x 变化的原因,也是引起变量 y 变化的原因。

(二)实验演示一

步骤一:在协整的基础上,打开"group1",在对话框中点击"View",选择"Granger Causality",如图 9-1 所示。

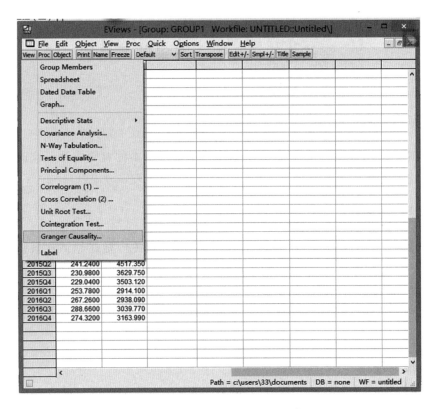

图 9-1　选择"Granger Causality"

点击"Granger Causality"之后,会弹出如图 9-2 所示的对话框。

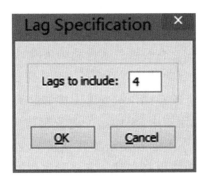

图 9-2　"Lag Specification"对话框

在"Lags to include"中输入"4",表明其之后阶数为 4 项,点击"OK",即可得到格兰杰因果关系的检验结果,如图 9-3 所示。

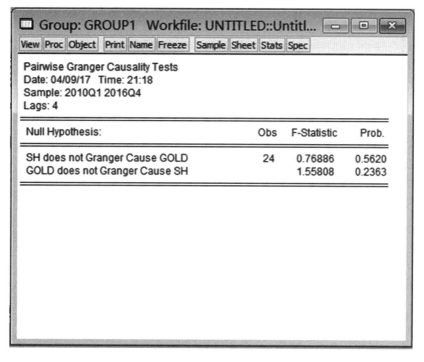

图 9-3　格兰杰因果关系检验结果

从图 9-3 的检验结果来看,可以发现 P 值都大于 0.05,都接受了原假设,说明上海期货交易所的沪金期货价格与上证指数不存在显著的格兰杰因果关系。

(三)实验演示二

根据协整实验中的第二组数据,对上海期货交易所的沪金期货价格与纽交所的黄金期货价格进行检验,操作如图 9-4 所示。

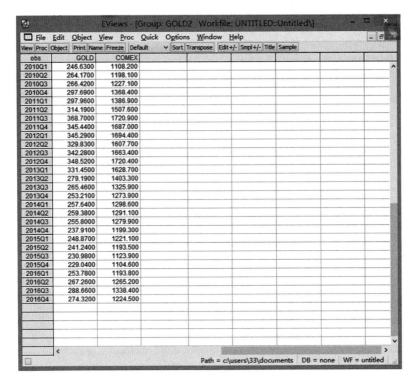

图 9-4 检验数据

在此窗口中点击"View",选择"Granger Causality",得到如图 9-5 所示的检验结果。

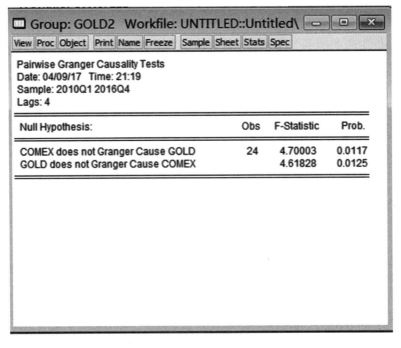

图 9-5 格兰杰因果关系检验结果

从图 9-5 的检验结果来看,可以发现 P 值都小于 0.05,都拒绝了原假设,说明上海期货交易所的沪金期货价格与纽交所的黄金期货价格不存在显著的格兰杰因果关系。

四、实验报告

学生需要根据实验内容将实验过程和结果填写在实验报告中。实验报告格式要求:字体为宋体,字号为小四号,行距为 1.5 倍。

报告内容:

1.选择一个大宗商品期货的品种,并从宏观、上下游产业链等方面分析其价格影响因素。

2.根据选择的大宗商品期货品种,选择至少 3 组相关影响因素的数据进行单位根检验。

3.对这几组数据验证完平稳性后进行格兰杰因果关系检验,根据检验结果来分析数据是否存在因果关系。

五、考核方式

课内完成,在该实验项目结束前提交实验报告文档电子版、Excel 原始数据和 EViews 工作文件的压缩包,文件命名为"学号＋姓名＋实验九",并在全部实验课程结束前按规定时间提交实验报告的纸质版。最终实验成绩按考核标准的正常赋分比例计算。

格兰杰因果关系检验(PPT)　　格兰杰因果关系检验(视频)　　格兰杰因果关系检验(学生范例)

第四篇　Excel在大宗商品金融数据中的应用

实验十 **Excel 软件的基本金融计算功能介绍**

一、实验目的

通过本实验，了解 Excel 的公式与函数、单变量求解、规划求解、条件求和、模拟运算表、方案的使用及图表的绘制，初步掌握 Excel 在金融研究分析中的主要应用，提高对金融数据的分析处理能力。

二、实验要求

要求学生掌握 Excel 软件的简单金融计算功能和绘图功能，能熟练使用 Excel 软件对金融数据进行处理。

三、实验内容

1. 利用 Excel 的金融计算功能，根据收集到的商品期货价格数据，计算不同品种商品期货的日收益率（百分比收益率），并绘制日收益率的折线图（横轴为时间）。

举例如下：

（1）从赢顺云交易软件上截取沪铜 2017 年 1 月的数据，如图 10-1 所示。

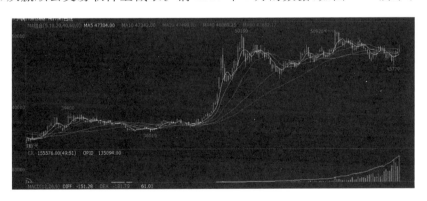

图 10-1 沪铜 2017 年 1 月的数据

（2）运用 Excel 形成日收益率的数据模块，如图 10-2 所示。

	名称框	B	C	D
1	沪铜	前一个结算价	当日结算价	收益率
2	2017.1.4	46470	45850	-0.01334
3	2017.1.5	45850	46230	0.008288
4	2017.1.6	46230	45760	-0.01017
5	2017.1.9	45760	45870	0.002404
6	2017.1.10	45870	46130	0.005668
7	2017.1.11	46130	47280	0.02493
8	2017.1.12	47280	47310	0.000635
9	2017.1.13	47310	47870	0.011837
10	2017.1.16	47870	48420	0.011489
11	2017.1.17	48420	47710	-0.01466
12	2017.1.18	47710	46690	-0.02138
13	2017.1.19	46690	47010	0.006854
14	2017.1.20	47010	46600	-0.00872
15	2017.1.23	46600	47160	0.012017
16	2017.1.24	47160	47160	0

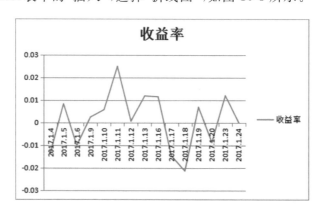

图 10-2　日收益率数据

(3)点击 Excel 表中的“插入”,选择“折线图”,如图 10-3 所示。

图 10-3　插入折线图

2.利用 Excel 的金融计算功能,根据收集到的商品期货价格数据,计算不同品种商品期货的日对数差分收益率,并求其均值、方差、标准差等。

举例如下:

同样运用沪铜的数据作为示范。

将沪铜期货价格作为基础数据,点击 Excel 中的“公式”,选择“插入函数”。如图 10-4、图 10-5、图 10-6、图 10-7、图 10-8、图 10-9、图 10-10、图 10-11 所示。

均值:

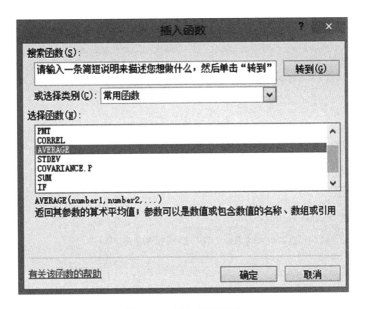

图 10-4　插入均值函数

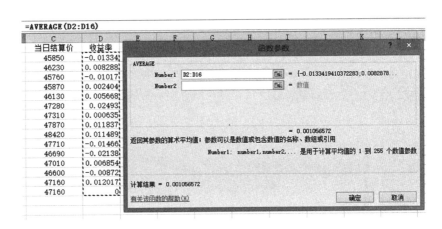

图 10-5　均值函数参数

标准差：

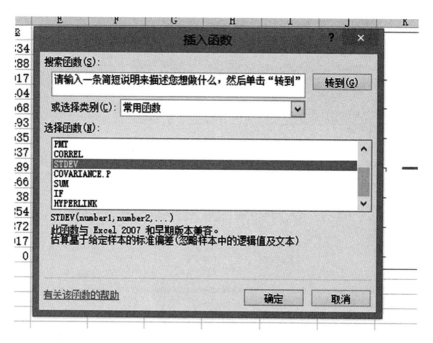

图 10-6 插入标准差函数

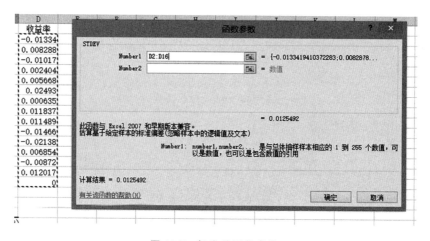

图 10-7 标准差函数参数

方差：

图 10-8　插入方差函数

图 10-9　方差函数参数

　　运用 Excel 也可以计算出两组或两组以上的商品期货之间的相关系数及协方差,以此来分析两种商品期货之间是否存在正相关、负相关或不相关的关系。(此部分介绍较简略,将会在投资组合实验中详细讲解。)

　　相关系数:

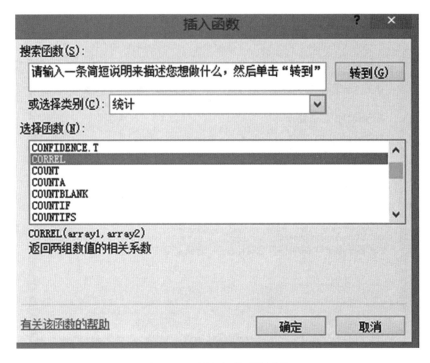

图 10-10　插入相关系数函数

协方差：

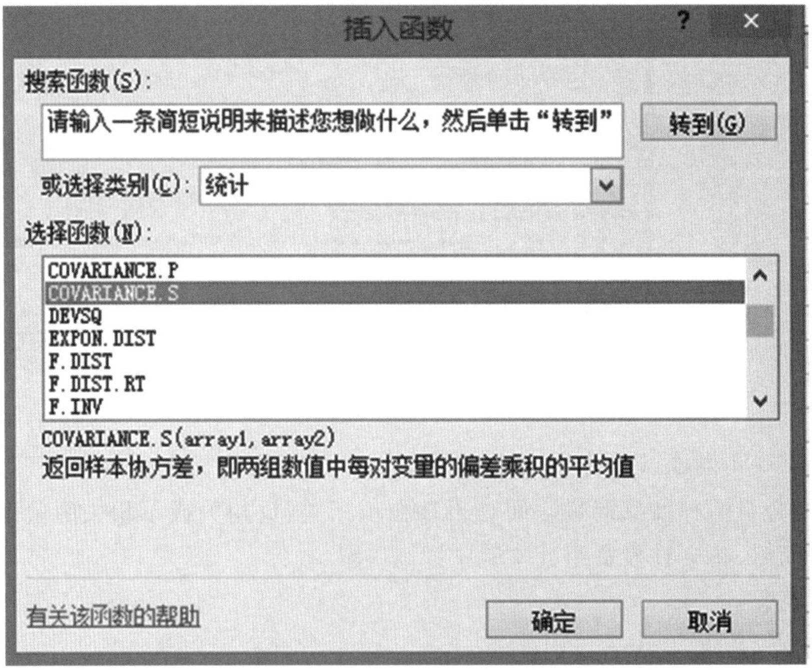

图 10-11　插入协方差函数

3. 根据给定债券的面值、息票率、期限、付息方式和市场对该债券的要求收益率等信息，计算债券的内在价值。

利用 Excel 的模拟运算表计算市场利率变化下不同基点时债券的内在价值，并绘出图形表现市场利率变化对债券内在价值的影响。

债券内在价值的计算步骤：

(1)计算各年的利息现值并加总得到利息现值总和；

(2)计算债券到期所收回本金的现值；

(3)将上述两者相加即得到债券的理论价格。

债券内在价值计算的实例：

例 1：某种债券的面值是 1000 元，息票利率是 9%，要求的债券收益率为 11%，债券 20 年到期，试计算该种债券的内在价值。

(1)该债券的每年利息额是：1000×9%＝90(元)

各年利息的现值总和是：90×7.963(年金现值系数)＝716.67(元)

(2)到期本金的现值是：1000×0.124(折现因子)＝124(元)

(3)该债券的内在价值为：716.67＋124＝840.67(元)

例 1 中要求的债券收益率高于息票利率，因此债券的内在价值低于它的面值。

利用 Excel 金融计算功能的计算步骤：

步骤一：利用已知的利率、期限、每期的券息及 FV(终值)，来计算 PV(现值)，如图 10-12、图 10-13 所示。

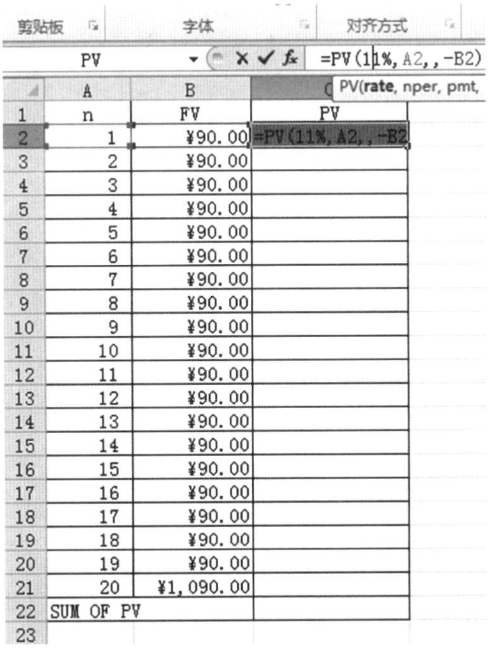

	A	B	C
1	n	FV	PV
2	1	¥90.00	=PV(11%, A2, , -B2
3	2	¥90.00	
4	3	¥90.00	
5	4	¥90.00	
6	5	¥90.00	
7	6	¥90.00	
8	7	¥90.00	
9	8	¥90.00	
10	9	¥90.00	
11	10	¥90.00	
12	11	¥90.00	
13	12	¥90.00	
14	13	¥90.00	
15	14	¥90.00	
16	15	¥90.00	
17	16	¥90.00	
18	17	¥90.00	
19	18	¥90.00	
20	19	¥90.00	
21	20	¥1,090.00	
22	SUM OF PV		
23			

图 10-12　计算 PV

	E15		f_x	
	A	B	C	
1	n	FV	PV	
2	1	¥90.00	¥81.08	
3	2	¥90.00	¥73.05	
4	3	¥90.00	¥65.81	
5	4	¥90.00	¥59.29	
6	5	¥90.00	¥53.41	
7	6	¥90.00	¥48.12	
8	7	¥90.00	¥43.35	
9	8	¥90.00	¥39.05	
10	9	¥90.00	¥35.18	
11	10	¥90.00	¥31.70	
12	11	¥90.00	¥28.56	
13	12	¥90.00	¥25.73	
14	13	¥90.00	¥23.18	
15	14	¥90.00	¥20.88	
16	15	¥90.00	¥18.81	
17	16	¥90.00	¥16.95	
18	17	¥90.00	¥15.27	
19	18	¥90.00	¥13.75	
20	19	¥90.00	¥12.39	
21	20	¥1,090.00	¥135.20	
22	SUM OF PV			
23				

图 10-13　计算出全部 PV

步骤二:将每一期的券息及未来到期值的资金额度进行贴现后的汇总,如图 10-14、图 10-15 所示。

剪贴板	字体		对齐方式	
	PV	✕ ✓ f_x	=SUM(C2:C	
	A	B	C	
1	n	FV	PV	
2	1	¥90.00	¥81.08	
3	2	¥90.00	¥73.05	
4	3	¥90.00	¥65.81	
5	4	¥90.00	¥59.29	
6	5	¥90.00	¥53.41	
7	6	¥90.00	¥48.12	
8	7	¥90.00	¥43.35	
9	8	¥90.00	¥39.05	
10	9	¥90.00	¥35.18	
11	10	¥90.00	¥31.70	
12	11	¥90.00	¥28.56	
13	12	¥90.00	¥25.73	
14	13	¥90.00	¥23.18	
15	14	¥90.00	¥20.88	
16	15	¥90.00	¥18.81	
17	16	¥90.00	¥16.95	
18	17	¥90.00	¥15.27	
19	18	¥90.00	¥13.75	
20	19	¥90.00	¥12.39	
21	20	¥1,090.00	¥135.20	
22	SUM OF PV		=SUM(C2:C21)	

图 10-14　贴现汇总计算公式

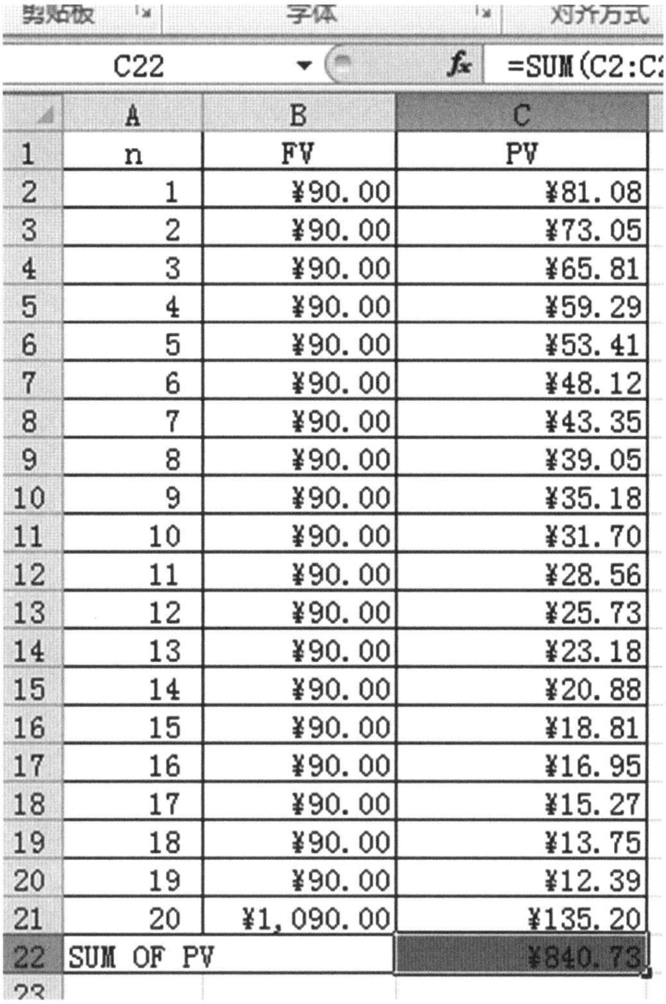

	A	B	C
	n	FV	PV
1	n	FV	PV
2	1	¥90.00	¥81.08
3	2	¥90.00	¥73.05
4	3	¥90.00	¥65.81
5	4	¥90.00	¥59.29
6	5	¥90.00	¥53.41
7	6	¥90.00	¥48.12
8	7	¥90.00	¥43.35
9	8	¥90.00	¥39.05
10	9	¥90.00	¥35.18
11	10	¥90.00	¥31.70
12	11	¥90.00	¥28.56
13	12	¥90.00	¥25.73
14	13	¥90.00	¥23.18
15	14	¥90.00	¥20.88
16	15	¥90.00	¥18.81
17	16	¥90.00	¥16.95
18	17	¥90.00	¥15.27
19	18	¥90.00	¥13.75
20	19	¥90.00	¥12.39
21	20	¥1,090.00	¥135.20
22	SUM OF PV		¥840.73

（单元格 C22 公式栏：=SUM(C2:C21)）

图 10-15　贴现汇总计算值

例 2：某种债券的面值是 1000 元，息票利率是 10％，要求的债券收益率为 8％，债券 10 年到期，试计算该种债券的内在价值。

（1）该债券的每年利息额是：1000×10％＝100（元）

各年利息的现值是：100×6.710（年金现值系数）＝671（元）

（2）到期本金的现值是：1000×0.463（折现因子）＝463（元）

（3）该债券的内在价值是：671＋463＝1134（元）

例 2 中要求的债券收益率低于息票利率，因此债券的内在价值高于它的面值。

利用 Excel 金融计算功能的计算步骤如图 10-16、图 10-17、图 10-18、图 10-19 所示。

	PV	▾ ⦿ ✕ ✓ f_x	=PV(0.08,A27,,-B27)

	A	B	PV(**rate**, nper, pmt, [fv], [
25			
26	n	FV	PV
27	1	¥100.00	=PV(0.08,A27,,-
28	2	¥100.00	
29	3	¥100.00	
30	4	¥100.00	
31	5	¥100.00	
32	6	¥100.00	
33	7	¥100.00	
34	8	¥100.00	
35	9	¥100.00	
36	10	¥1,100.00	
37	SUM OF PV		

图 10-16　计算 PV

	C27	▾ ⦿	f_x =PV(0.08,A

	A	B	C
25			
26	n	FV	PV
27	1	¥100.00	¥92.59
28	2	¥100.00	¥85.73
29	3	¥100.00	¥79.38
30	4	¥100.00	¥73.50
31	5	¥100.00	¥68.06
32	6	¥100.00	¥63.02
33	7	¥100.00	¥58.35
34	8	¥100.00	¥54.03
35	9	¥100.00	¥50.02
36	10	¥1,100.00	¥509.51
37	SUM OF PV		

图 10-17　计算全部 PV

	A	B	C
	PV		=SUM(C27:C36)
			SUM(number1,
26	n	FV	PV
27	1	¥100.00	¥92.59
28	2	¥100.00	¥85.73
29	3	¥100.00	¥79.38
30	4	¥100.00	¥73.50
31	5	¥100.00	¥68.06
32	6	¥100.00	¥63.02
33	7	¥100.00	¥58.35
34	8	¥100.00	¥54.03
35	9	¥100.00	¥50.02
36	10	¥1,100.00	¥509.51
37	SUM OF PV		=SUM(C27:C36)

图 10-18　PV 加总计算公式

	A	B	C
	C38		
26	n	FV	PV
27	1	¥100.00	¥92.59
28	2	¥100.00	¥85.73
29	3	¥100.00	¥79.38
30	4	¥100.00	¥73.50
31	5	¥100.00	¥68.06
32	6	¥100.00	¥63.02
33	7	¥100.00	¥58.35
34	8	¥100.00	¥54.03
35	9	¥100.00	¥50.02
36	10	¥1,100.00	¥509.51
37	SUM OF PV		¥1,134.20

图 10-19　PV 加总计算结果

债券内在价值的大小是投资人决策的依据。当债券的内在价值高于它的市价时,投资人倾向于购入;反之,该债券就会被视为不理想的债券。在判断债券的理想

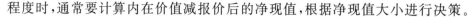

程度时,通常要计算内在价值减报价后的净现值,根据净现值大小进行决策。

例3:某种债券的面值是50000元,息票利率是10%,8年到期,报价为98%。如果投资人希望得到11%的收益率,该债券是否可以购入? 当报价下降到94%时是否可以购入?

(1)债券的内在价值:50000×10%×5.146+50000×0.434=47430(元)

(2)债券的报价为98%时的价格:50000×98%=49000(元)

净现值:47430-49000=-1570(元)

净现值为负数,该债券是不理想的。

(3)债券的报价为94%时的价格:50000×94%=47000(元)

净现值:47430-47000=430(元)

净现值为正数,该债券可以购入。

利用Excel金融计算功能的计算步骤如图10-20、图10-21、图10-22、图10-23所示。

	A	B	C	D
	n	FV	PV	
41	n	FV	PV	
42	1	¥5,000.00	=PV(11%,A42,,-B	
43	2	¥5,000.00		
44	3	¥5,000.00		
45	4	¥5,000.00		
46	5	¥5,000.00		
47	6	¥5,000.00		
48	7	¥5,000.00		
49	8	¥55,000.00		
50	SUM OF PV			

PV =PV(11%,A42,,-B42)

图10-20　计算PV

E51		fx	
	A	B	C
41	n	FV	PV
42	1	¥5,000.00	¥4,504.50
43	2	¥5,000.00	¥4,058.11
44	3	¥5,000.00	¥3,655.96
45	4	¥5,000.00	¥3,293.65
46	5	¥5,000.00	¥2,967.26
47	6	¥5,000.00	¥2,673.20
48	7	¥5,000.00	¥2,408.29
49	8	¥55,000.00	¥23,865.96
50	SUM OF PV		

图 10-21　计算全部 PV

PV		✗ ✓ fx	=SUM(C42:C49)	
	A	B	C	
41	n	FV	PV	
42	1	¥5,000.00	¥4,504.50	
43	2	¥5,000.00	¥4,058.11	
44	3	¥5,000.00	¥3,655.96	
45	4	¥5,000.00	¥3,293.65	
46	5	¥5,000.00	¥2,967.26	
47	6	¥5,000.00	¥2,673.20	
48	7	¥5,000.00	¥2,408.29	
49	8	¥55,000.00	¥23,865.96	
50	SUM OF PV		=SUM(C42:C49)	

图 10-22　PV 加总计算公式

D54

	A	B	C
41	n	FV	PV
42	1	¥5,000.00	¥4,504.50
43	2	¥5,000.00	¥4,058.11
44	3	¥5,000.00	¥3,655.96
45	4	¥5,000.00	¥3,293.65
46	5	¥5,000.00	¥2,967.26
47	6	¥5,000.00	¥2,673.20
48	7	¥5,000.00	¥2,408.29
49	8	¥55,000.00	¥23,865.96
50	SUM OF PV		¥47,426.94

图 10-23　PV 加总计算结果

例 4：使用例 1 中的数据，利用 Excel 软件的模拟运算表功能计算市场利率变化±5bps，±10bps，±15bps，…，±100bps 时债券的内在价值。

利用 Excel 的模拟运算表功能的步骤：

步骤一：按照题目要求输入对应变化的市场利率，并计算 PV，如图 10-24、图 10-25 所示。

M26

	E	F	G	H	I	J	K	L	M	N
1	贴现率	11%								
2	n	1								
3										
4		11%	11.05%	11.10%	11.15%	11.20%	11.25%	11.30%	11.35%	11
5	1									
6	2									
7	3									
8	4									
9	5									
10	6									
11	7									
12	8									
13	9									
14	10									
15	11									
16	12									
17	13									
18	14									
19	15									
20	16									
21	17									
22	18									
23	19									
24	20									

图 10-24　输入市场利率

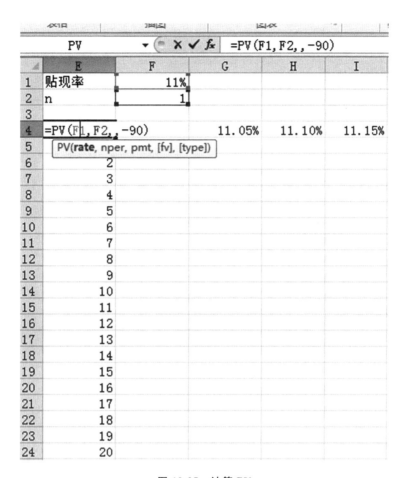

图 10-25 计算 PV

步骤二:点击"数据"中的"模拟运算表"并填写,如图 10-26、图 10-27 所示。

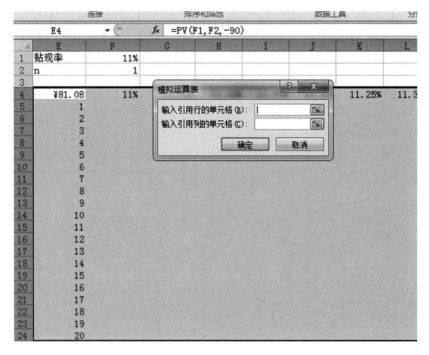

图 10-26 点击"模拟运算表"

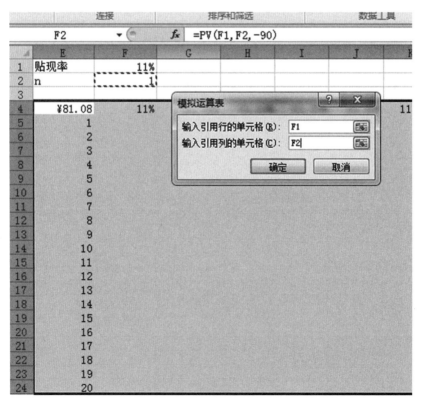

图 10-27 填写"模拟运算表"

步骤三：点击"确定"后，得到下列不同条件下的计算结果，如图 10-28、图 10-29 所示。

E4			fx	=PV(F1,F2,,-90)			
E	F	G	H	I	J	K	L
贴现率	11%						
n	1						
¥81.08	11%	11.05%	11.10%	11.15%	11.20%	11.25%	11.30'
1	81.08	81.04	81.01	80.97	80.94	80.90	80.86
2	73.05	72.98	72.91	72.85	72.78	72.72	72.65
3	65.81	65.72	65.63	65.54	65.45	65.36	65.28
4	59.29	59.18	59.07	58.97	58.86	58.75	58.65
5	53.41	53.29	53.17	53.05	52.93	52.81	52.69
6	48.12	47.99	47.86	47.73	47.60	47.47	47.34
7	43.35	43.21	43.08	42.94	42.81	42.67	42.54
8	39.05	38.91	38.77	38.63	38.49	38.36	38.22
9	35.18	35.04	34.90	34.76	34.62	34.48	34.34
10	31.70	31.55	31.41	31.27	31.13	30.99	30.85
11	28.56	28.41	28.27	28.13	28.00	27.86	27.72
12	25.73	25.59	25.45	25.31	25.18	25.04	24.91
13	23.18	23.04	22.91	22.77	22.64	22.51	22.38
14	20.88	20.75	20.62	20.49	20.36	20.23	20.11
15	18.81	18.68	18.56	18.43	18.31	18.19	18.06
16	16.95	16.82	16.70	16.58	16.47	16.35	16.23
17	15.27	15.15	15.04	14.92	14.81	14.69	14.58
18	13.75	13.64	13.53	13.42	13.32	13.21	13.10
19	12.39	12.29	12.18	12.08	11.97	11.87	11.77
20	11.16	11.06	10.96	10.87	10.77	10.67	10.58

图 10-28　计算结果（1）

E4			fx	=PV(F1,F2,-90)			
E	F	G	H	I	J	K	L
贴现率	11%						
n	1						
¥81.08	11%	11.05%	11.10%	11.15%	11.20%	11.25%	11.30
1	81.08	81.04	81.01	80.97	80.94	80.90	80.86
2	154.13	154.02	153.92	153.82	153.72	153.62	153.52
3	219.93	219.74	219.55	219.36	219.17	218.98	218.79
4	279.22	278.92	278.62	278.33	278.03	277.74	277.44
5	332.63	332.21	331.80	331.38	330.96	330.55	330.14
6	380.75	380.20	379.65	379.11	378.56	378.02	377.48
7	424.10	423.41	422.73	422.05	421.37	420.69	420.02
8	463.15	462.33	461.50	460.68	459.87	459.05	458.24
9	498.33	497.37	496.40	495.44	494.48	493.53	492.58
10	530.03	528.92	527.82	526.71	525.62	524.52	523.43
11	558.59	557.34	556.09	554.85	553.61	552.38	551.15
12	584.31	582.92	581.54	580.16	578.79	577.42	576.05
13	607.49	605.96	604.45	602.93	601.43	599.93	598.43
14	628.37	626.71	625.06	623.42	621.79	620.16	618.54
15	647.18	645.40	643.62	641.85	640.10	638.34	636.60
16	664.12	662.22	660.33	658.44	656.56	654.69	652.83
17	679.39	677.37	675.36	673.36	671.37	669.39	667.41
18	693.15	691.01	688.89	686.78	684.68	682.59	680.52
19	705.54	703.30	701.07	698.86	696.66	694.47	692.29
20	716.70	714.36	712.04	709.73	707.43	705.14	702.86

图 10-29　计算结果（2）

四、实验报告

学生需要根据实验内容将实验过程和结果填写在实验报告中。实验报告格式要求：字体为宋体，字号为小四号，行距为1.5倍。

报告内容：

1. 利用Excel的金融计算功能，根据实验一的数据，计算3个不同品种商品期货的日收益率（百分比收益率），导出相应表格到Word文档，并绘制折线图（横轴为时间）。

2. 利用Excel的金融计算功能，根据实验一的数据，分别计算3个不同品种商品期货的日对数差分收益率，并求其均值和标准差，以折线图的形式在同一图形中表现3个不同品种商品期货的收益率（横轴为时间）。

3. 债券的面值为每张1000元人民币，息票率为6%，每半年支付一次利息，现离到期还有6年。若市场对该类债券要求的收益率为7%，计算债券的内在价值。利用Excel的模拟运算表计算市场利率变化±5bps，±10bps，±15bps，…，±100bps时债券的内在价值，并以图形形式表现市场利率变化对债券内在价值的影响。

五、考核方式

课内完成，在该实验项目结束前提交实验报告文档电子版和原始数据的压缩包，文件命名为"学号＋姓名＋实验十"，并在全部实验课程结束前按规定时间提交实验报告的纸质版。最终实验成绩按考核标准的正常赋分比例计算。

实验十一 投资组合的收益与风险

一、实验目的

通过本实验能基本掌握投资组合的基础理论,其中包括简单的投资组合的计算,组合中资产的相关性说明,以及市场中的系统风险和非系统风险。同时,能熟练地运用 Excel 来得到投资组合的收益、预期收益、单一资产投资风险及资产之间的关联性。

二、实验要求

实验过程中,要求学生掌握基本的金融学与统计学知识,能独立从网页或行情软件中下载相关的数据,同时能熟练地运用 Excel 软件的计算分析功能。

三、实验内容

(一)投资组合的收益

1. 相关理论。

投资组合的收益指的是过去投资期间所实现的收益。那么预期收益,顾名思义,是对未来投资项目收益的预测。

一般地,计算一项资产在某一时期内的投资回报率时,使用下列公式:

$$r_t = \frac{D_t + P_t - P_0}{P_0} \tag{11-1}$$

式中字母的解释:

r_t 指的是该项投资资产在 t 时间里所得到的收益率;

D_t 指的是该项投资资产在 t 时间里所得到的收入;

P_t 指的是该项投资资产在 t 时刻的价格;

P_0 指的是该项投资资产最初购买时的价格。

2. 案例演示。

假设某一期货公司从年初开始进行大宗商品期货 Y、M、G 的投资,3 种大宗商品的价格交易信息如表 11-1、表 11-2 所示。

表 11-1　该投资公司在年初购买这 3 种大宗商品期货的价格与数量

名称	数量/手	年初购买价格/元	总金额/元	比重
Y	150	3000	450000	0.2041

续　表

名称	数量/手	年初购买价格/元	总金额/元	比重
M	150	4500	675000	0.3061
G	300	3600	1080000	0.4898
总和			2205000	1

表 11-2　该投资公司在年末交割这 3 种大宗商品期货的价格与收益率

名称	数量/手	年末交割价格/元	总金额/元	收益率
Y	150	3500	525000	0.1667
M	150	5000	750000	0.1111
G	300	4000	1200000	0.1111
总和			2475000	0.1224

计算 Y、G、M 这 3 种期货的组合收益率一般有 2 种方法。第一，通过该项投资组合的整体收益前后的对比来计算，即将年初购买该项投资组合的总金额与年末对该项投资组合的交割金额进行收益率的计算。如下所示：

$$r_P = \frac{P_t - P_0}{P_0} = \frac{2475000 - 2205000}{2205000} = 0.1224 = 12.24\%$$

第二，根据投资组合中各项收益率的比重进行计算，如下所示：

$$r_P = w_1 r_1 + w_2 r_2 + w_3 r_3$$
$$= 0.2041 \times 0.1667 + 0.3061 \times 0.1111 + 0.4898 \times 0.1111$$
$$= 0.1224$$
$$= 12.24\%$$

(二)投资组合的预期收益

预期收益指的是投资者对在未来投资期间所能实现收益的预估。上述案例演示是对过去数据的计算，然而投资者对未来资产价格的波动无法准确把握，只能判断在未来投资期间可能出现的各种价格情况。在实际的期货市场上，因为经济环境条件的不同，资产收益率也会有波动。以单项资产为例，从理论上来说，每一种经济环境下的收益率分布都有一个相对应出现的概率。例如在第一种经济环境下所得到的收益率为 r_1，而与之相对发生的概率为 p_1；在第二种经济环境下所产生的收益率为 r_2，发生的概率为 p_2；在第三种经济环境下所产生的收益率为 r_3，发生的概率为 p_3。我们利用表 11-3 来进行总结。

表 11-3　投资组合的预期收益

环境	收益率	发生概率
第一种经济环境	r_1	p_1

续　表

环境	收益率	发生概率
第二种经济环境	r_2	p_2
第三种经济环境	r_3	p_3

由此我们在计算单项投资资产的预期收益率 $E(r)$ 时,运用如下公式:

$$E(r) = r_1 p_1 + r_2 p_2 + r_3 p_3 \text{(其中 } p_1 + p_2 + p_3 = 1) \tag{11-2}$$

在以此为基础进行投资组合的预期收益率计算时,将根据各项资产的权重进行加权平均法的运算,其公式为:

$$E(r_p) = w_1 E(r_1) + w_2 E(r_2) + \cdots + w_n E(r_n)$$
$$= \sum_{i=1}^{n} w_i E(r_i) \tag{11-3}$$

(三) 单项资产风险的衡量

投资者进行投资的过程中,除了关注其投资回报率外,更重要的是衡量资产的风险。一般来说,投资者希望得到高收益、低风险的投资项目。因此,在确定该项资产预期收益率的同时,检测组合风险是重要的一个环节。本实验中,将利用统计学中的标准差、方差等指标进行投资资产的风险检验,标准差或方差越大,说明该项资产的波动幅度越大,即实际收益偏离预期收益的离散程度越大,风险就越大。若标准差或方差较小,情况则相反。

首先,进行单项资产的投资风险计算。

同样,方差运用加权平均法来进行计算,公式如下所示:

$$\sigma^2(r) = [r_1 - E(r)]^2 p_1 + [r_2 - E(r)]^2 p_2 + \cdots + [r_n - E(r)]^2 p_n$$
$$= \sum_{i=1}^{n} [r_i - E(r)]^2 p_i \tag{11-4}$$

公式字母说明如下:

σ^2 指的是该项资产的方差;

$r_1, r_2, \cdots, r_n$ 指的是该项资产所产生的收益率;

$p_1, p_2, \cdots, p_n$ 指的是该项资产发生收益率为 r_i 的概率;

$E(r)$ 指的是该项资产的预期收益。

根据上述公式,单项资产投资风险的标准差为:

$$\sigma(r) = \sqrt{\sum_{i=1}^{n} [r_i - E(r)]^2 p_i} \tag{11-5}$$

(四)投资组合中资产之间的关联性

基于单项资产的风险衡量方式,进一步来介绍资产组合风险的衡量。投资组合是每一个单项资产的组合,因此,投资组合的风险可以通过组合中单项资产的方差来计算。值得注意的是,投资组合在评估风险时,不能简单地根据单项资产所对应的比重进行相加,还必须考虑组合中各单项资产之间的关系。在实际操作的过程中,极有可能发生的情况是,组合中的一项资产的价格变化很可能引起另一资产的变化。不同的资产价格变化会引起另一资产不同程度及不同方向上的变化。由此,我们时常利用统计学中的协方差和相关系数来表示。

1. 协方差。

在统计学中,协方差是衡量两个随机变量之间关系的变量,是用来计算投资组合中方差值的重要组成部分。

我们假设投资组合中有 Q、A 两项资产,测算 Q 与 A 之间的协方差为:

$$Cov(r_Q, r_A) = \frac{1}{n} \sum_{i=1}^{n} [r_{iQ} - E(r_Q)][r_{iA} - E(r_A)] \tag{11-6}$$

式中字母解释如下:

$Cov(r_Q, r_A)$ 为投资组合中的 Q 与 A 收益率的协方差;

n 为投资组合中资产的数量;

r_{iQ} 为单项资产 Q 所能产生的收益率情况;

r_{iA} 为单项资产 A 所能产生的收益率情况;

$E(r_Q)$ 为单项资产 Q 的预期收益率;

$E(r_A)$ 为单项资产 A 的预期收益率。

对投资组合中协方差的计算结果进行分析,发现其结果区间在 -1 至 1 之间。当协方差大于 0,为正值时,表示组合中的资产 Q 与 A 的收益具有相同的变化趋势,即一种资产的收益高于预期收益,另一种资产的收益也高于预期收益;同样地,当一种资产低于预期收益时,另一种资产的收益也低于其预期收益。相反的情况,当协方差小于 0,为负值时,说明组合中的两项资产的变化趋势相反,即一项资产的收益高于预期收益,另一项资产的收益则低于其预期收益。那么当结果等于 0 时,说明组合中两项资产的收益不存在任何关系。值得注意的是,当协方差为 1 时,协方差实际上就是方差。想要通过投资组合来降低风险或进行套期保值时,协方差应为负值。

2. 相关系数。

相关系数同样表示两项资产收益之间的关联性,是由协方差的相应标准化变量得到的。其公式如下:

$$\rho_{QA} = \frac{Cov(r_Q, r_A)}{\sigma_Q \sigma_A} \tag{11-7}$$

同时也可将公式改变为:

$$Cov(r_Q, r_A) = \sigma_Q \sigma_A \rho_{QA} \tag{11-8}$$

相关系数的计算结果区间与协方差类似,在 -1 至 1 之间。当结果的绝对值在 0 至 1 之间时,说明两项资产之间存在一定的线性关系。下面对结果等于 $-1, 0, 1$ 的情况进行补充说明：

当 $Cov=1$ 时，说明资产之间呈现的是完全正相关。

当 $Cov=-1$ 时，说明资产之间呈现的是完全负相关。

当 $Cov=0$ 时，说明两项资产之间不相关，即资产之间不存在任何线性关系。需要注意的是，两项资产不存在线性关系并不代表资产之间没有任何关系，而是有可能存在其他的关联性，例如平方关系。

与协方差相比，用相关系数衡量资产之间的关联性，有着一定的优越性。相关系数的绝对值越接近 1，两者之间的线性相关程度越高；当其绝对值接近 0 时，资产之间的线性相关程度低。由于没有考虑资产的标准差影响，协方差的值往往会很小，容易从计算分析中得到资产之间的相关性很微弱的结果。若考虑资产标准差的影响，即使协方差的值很小，相关系数也能显示其关联程度的特征。

（五）投资组合风险的衡量

在上述投资组合的预期收益及协方差的分析基础上，了解到在计算投资组合的风险时，可以同样利用方差或标准差进行衡量。根据统计学的知识，可将投资组合的方差写为：

$$\sigma_P^2 = \sum_{i=1}^{n} \sum_{j=1}^{n} w_i w_j Cov(w_i, w_j)$$
$$= \sum_{i=1}^{n} \sum_{j=1}^{n} w_i w_j \sigma_i \sigma_j \rho_{ij} \tag{11-9}$$

公式中的字母说明如下：

σ_p^2 为投资组合的方差；

$w_i w_j$ 为投资组合中的权数，即将资金分别以 $w_1, w_2, \cdots w_i$ 的比重投入组合中的资产；

$Cov(w_i, w_j)$ 为组合中资产间的协方差；

σ_i 为资产 i 的标准差；

ρ_{ij} 为组合中资产间的相关系数。

本实验将着重介绍两项与三项的投资组合。根据上述公式的推导，两项资产投资组合方差公式可写为：

$$\sigma_P^2 = Cov(r_p, r_p) = Cov(w_A r_A + w_B r_B, w_A r_A + w_B r_B)$$
$$= w_A^2 \sigma_A^2 + w_B^2 \sigma_B^2 + 2w_A w_B Cov(r_A, r_B)$$
$$= w_A^2 \sigma_A^2 + w_B^2 \sigma_B^2 + 2w_A w_B \sigma_A \sigma_B \rho_{AB} \tag{11-10}$$

同理，三项资产投资组合方差公式为：

$$\sigma_P^2 = w_A^2 \sigma_A^2 + w_B^2 \sigma_B^2 + w_C^2 \sigma_C^2 + 2w_A w_B Cov(r_A, r_B)$$
$$+ 2w_A w_C Cov(r_A, r_C) + 2w_B w_C Cov(r_B, r_C) \tag{11-11}$$

(六)案例演示一

某投资公司正规划一个新的投资组合,该投资组合中包含了两个证券,该公司的决策者想通过计算其预期收益及风险来衡量该投资组合的可行性。组合中的证券A、B基本概况如表11-4所示(假设该投资公司将投入同样的资金在两项资产上):

表 11-4　证券 A、B 的基本情况

概率	预期收益率	
	资产 A	资产 B
0.1	0.06	0.02
0.2	0.08	0.04
0.4	0.10	0.16
0.2	0.12	0.03
0.1	0.14	0.05
预期收益	0.10	0.06

步骤一:分别计算单项资产的方差及标准差。根据单项资产的计算公式,过程如下:

$$\sigma_A^2 = (0.06-0.1)^2 \times 0.1 + (0.08-0.1)^2 \times 0.2 + (0.1-0.1)^2 \times 0.4 + (0.12-0.1)^2 \times 0.2 + (0.14-0.1)^2 \times 0.1 = 0.00048 = 0.048\%$$

$$\sigma_B^2 = (0.02-0.06)^2 \times 0.1 + (0.04-0.06)^2 \times 0.2 + (0.16-0.06)^2 \times 0.4 + (0.03-0.06)^2 \times 0.2 + (0.05-0.06)^2 \times 0.1 = 0.00443 = 0.443\%$$

$$\sigma_A = \sqrt{0.00048} \approx 2.2\%$$

$$\sigma_B = \sqrt{0.00443} \approx 6.6\%$$

步骤二:计算投资组合的预期收益。

$$E(r_p) = 0.5 \times 0.1 + 0.5 \times 0.06 = 8\%$$

步骤三:计算投资组合的协方差及相关系数。

$$Cov(r_A, r_B) = (0.06-0.1) \times (0.02-0.06) \times 0.1 + (0.08-0.1) \times (0.04-0.06) \times 0.2 + (0.1-0.1) \times (0.16-0.06) \times 0.4 + (0.12-0.1) \times (0.03-0.06) \times 0.2 + (0.14-0.1) \times (0.05-0.06) \times 0.1 = 8 \times 10^{-5}$$

$$\rho_{AB} = \frac{8 \times (10^{-5})}{2.2\% \times 6.6\%} \approx 0.0551$$

步骤四:计算投资组合的方差及标准差。

$$\sigma_P^2 = 0.5^2 0.022^2 + 0.5^2 0.066^2 + 2 \times 0.5 \times 0.5 \times 8 \times 10^{-5} = 0.00125$$

$$\sigma_P = \sqrt{0.00125} \approx 0.0354$$

(七)利用 Excel 的函数进行计算

当资产的收益率不以概率的方式进行计算时,我们可以利用 Excel 的函数进行计算。以表 11-5 进行演算:

表 11-5 Excel 函数演算

年份	收益率	
	资产 A(权重 0.5)	资产 B(权重 0.5)
2012	10%	−3%
2013	4%	3%
2014	18%	−11%
2015	6%	1%
2016	16%	−9%

步骤一:计算每项资产的预期收益率。

打开 Excel,选择"公式"和"插入函数",并选择"AVERAGE"。得到的结果如表 11-6 所示。

表 11-6 预期收益率计算结果

	资产 A	资产 B
预期收益率	10.80%	−3.80%

步骤二:计算单项资产的方差及标准差。

在 Excel"公式"下的"插入函数"中,分别选择"VAR"与"STDEV"。得到的结果如表 11-7 所示。

表 11-7 资产方差、标准差计算结果

	资产 A	资产 B
标准差	0.0610	0.0610
方差	0.0037	0.0037

步骤三:计算投资组合的协方差。

根据上述步骤,在"插入函数"中选择"COVAR",主要操作过程如图 11-1 所示。

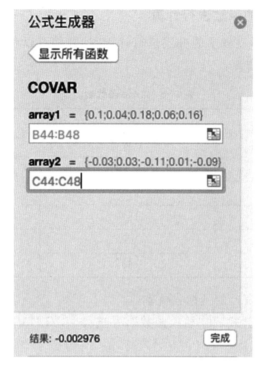

图 11-1 插入 COVAR 函数

图 11-1 中的 array1/array2 指的是第一组/第二组整数单元格区域,且必须为数值、数组或包含数值的引用。得到的结果如表 11-8 所示。

表 11-8 协方差计算结果

	资产 A	资产 B
协方差	-0.002976	

步骤四:计算投资组合的相关系数。在"插入函数"中选择"CORREL"。具体操作过程如图 11-2 所示。得到的结果如表 11-9 所示。

图 11-2　插入 CORREL 函数

表 11-9　函数计算结果

	资产 A	资产 B
相关系数	-1	

　　根据相关系数的相关理论,我们通常认为,当资产为完全负相关时,可求得投资组合的最小方差。同时,在这种情况下,可以发现该投资组合的方差接近于 0。我们将在下一步进行验算。

　　当相关系数为 -1 时,所呈现的投资组合如图 11-3 所示。

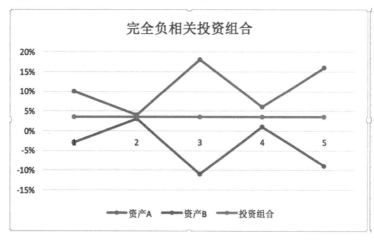

图 11-3　投资组合

步骤五：计算投资组合的方差。

$\sigma_P^2 = 0.5^2 \times 0.0037 + 0.5^2 0.0037 + 2 \times 0.5 \times 0.5 \times (-0.002976) \approx 0.00$

四、实验报告

学生需要根据实验内容将实验过程和结果填写在实验报告中。实验报告格式要求：字体为宋体，字号为小四号，行距为 1.5 倍。

报告内容：

1. 查找三种不同的证券或股票，并计算其收益率。

2. 将以上数据导入 Excel 软件，生成相关表格进行计算。其中包括单项资产的预期收益率、单项资产的方差及标准差，以及投资组合的预期收益率、协方差、相关系数和方差。

3. 通过上述要求的计算，对该项投资组合的结果进行分析，分别从收益与风险两个方面进行阐述。

五、考核方式

课内完成，在该实验项目结束前提交实验报告文档电子版、Excel 原始数据，文件命名为"学号＋姓名＋实验十一"，并在全部实验课程结束前按规定时间提交实验报告的纸质版。最终实验成绩按考核标准的正常赋分比例计算。

投资组合的收益与风险（PPT）

练习题

投资组合的收益与风险（学生范例）

为什么说我国发展进入战略机遇和风险并存、不确定难料因素增多的时期

实验十二　久期的计算

一、实验目的

通过学习久期的计算来实现对资产风险的分散化管理。久期是对债券类投资价格相对易变性的一种量化估计,可用来判断资产的风险大小。

二、实验要求

在实验过程中,要求学生能从网站或交易软件中下载相关数据。同时熟练掌握Excel 的基本函数功能,结合金融学中债券的相关知识进行数据的结果分析。

三、实验内容

(一)相关理论

久期通常用于衡量债券持有者在收回本金之前所需要等待的平均时间。久期通常被广泛应用在资产风险的分散化管理方面。该方法避免了仅将债券期限作为影响债券价格变动的唯一因素的局限性。其主要应用在以下几个方面:

第一,当利率发生变化时,对债券价格变化或对债券资产组合的价格变化迅速做出大致的估计。

第二,对债券的现金流量特征影响进行总体的评估,从而提出债券价格相对易变性的估计值。

第三,达到获取某种特定的债券资产组合的目标,比如消除利率变动对资产组合的不利影响,增强资产组合面对市场利率变动的适应性。

(二)实验过程

本实验将介绍两种方法来计算久期:其一,利用单变量求解的方法来计算到期的预期收益率,从而计算出现金流的现值及久期;其二,运用 Excel 中的函数公式来求解。

1.方法一步骤如下。

步骤一:打开赢顺云交易软件,选择债券板块,如图 12-1 所示。

图 12-1　赢顺云交易软件债券板块

进入债券板块后选择任意一个债券,例如上证债券 010107,如图 12-2 所示。

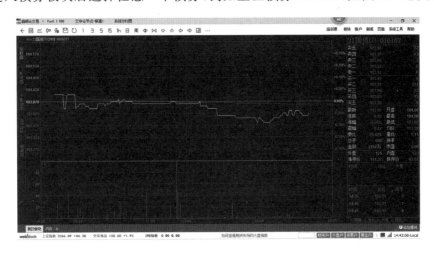

图 12-2　上证债券 010107

点击 F10,选择债券概况,如图 12-3 所示。

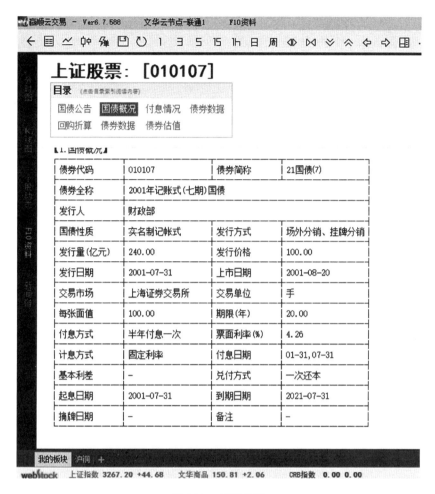

图 12-3　债券概况

　　步骤二：得到该债券的基本信息后，打开 Excel 并输入相关信息，其中包括债券
代码、发行日期、票面价格、票面利率、到期时间、付息频率、成交日期、成交价格、应计
利息和全价。注意：在输入日期时运用"DATE"，如图 12-4 所示。

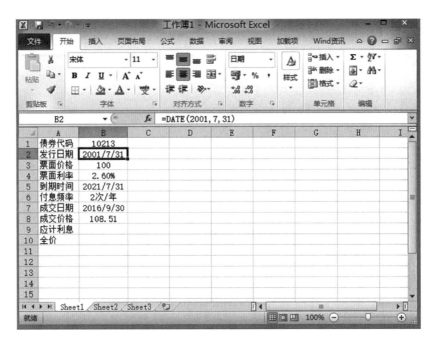

图 12-4 在 Excel 中输入相关信息

步骤三：计算应计利息并输入 Excel 中。

从债券概况来看，可以得知成交日期为 2016 年 9 月 30 日，距离上一期的利息支付日 2016 年 7 月 31 日共有 62 天，因此应计利息：

$$\frac{62}{365}\times4.26\%\times100=0.723616438（元）$$

债券全价为：

$$0.723616438+108.51=109.233616438（元）$$

步骤四：计算成交日距离下一付息日的时间，利用 Excel 的 DATE 相减，得到：

$$\frac{124}{365}=0.339726027（年）$$

步骤五：在 Excel 中建立债券的现金流及发生时间的信息，如图 12-5 所示。

图 12-5　在 Excel 中建立债券相关信息

步骤六:利用单变量求解计算到期收益率。

首先,在任一单元格中输入一个假定的到期收益率,例如输入 5% 的到期收益率进行检测。

其次,根据假定的到期收益率来计算各现金流的现值,如图 12-6 所示。

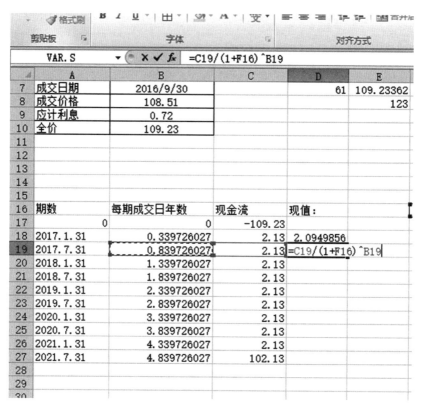

图 12-6　计算现金流现值

按以上公式操作后再按回车键,得到如图 12-7 所示的结果。

	D29	▼ (●	fx		
▲	A	B	C	D	E
7	成交日期	2016/9/30		61	109.23362
8	成交价格	108.51			123 (
9	应计利息	0.72			
10	全价	109.23			
11					
12					
13					
14					
15					
16	期数	每期成交日年数	现金流	现值:	
17	0	0	−109.23		
18	2017.1.31	0.339726027	2.13	2.0949856	
19	2017.7.31	0.839726027	2.13	2.0444966	
20	2018.1.31	1.339726027	2.13	1.9952244	
21	2018.7.31	1.839726027	2.13	1.9471396	
22	2019.1.31	2.339726027	2.13	1.9002137	
23	2019.7.31	2.839726027	2.13	1.8544187	
24	2020.1.31	3.339726027	2.13	1.8097273	
25	2020.7.31	3.839726027	2.13	1.7661131	
26	2021.1.31	4.339726027	2.13	1.7235499	
27	2021.7.31	4.839726027	102.13	80.649732	
28			sum	97.785601	
29					
30					
31					
32					

图 12-7　现金流现值计算结果

得到现值的总和之后,点击 Excel 中的"数据",选择"模拟分析"中的"单变量求解"。操作过程如图 12-8、图 12-9 所示。

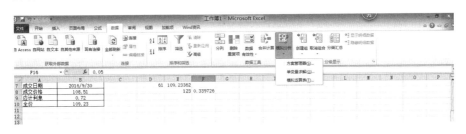

图 12-8　"模拟分析"页面

图 12-9　"单变量求解"对话框

目标单元格为通过现金流的折算所得出的债券价格，目标值为成交价格，可变单元格为到期利率的变化，如图 12-10、图 12-11 所示。

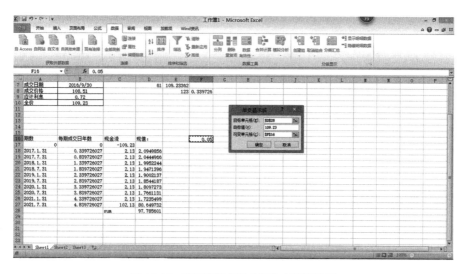

图 12-10 填写"单变量求解"对话框数据

图 12-11 "单变量求解状态"对话框

点击"确定"后，即可得出单变量求解的结果，如图 12-12 所示。此时，到期利率为 0.023934。同时，之前所计算的现金流变化也自动从 5% 的利率转变为 2.39% 的结果。

期数	每期成交日年数	现金流	现值：
0	0	-109.23	
2017. 1. 31	0.339726027	2.13	2.1129536
2017. 7. 31	0.839726027	2.13	2.088113
2018. 1. 31	1.339726027	2.13	2.0635644
2018. 7. 31	1.839726027	2.13	2.0393044
2019. 1. 31	2.339726027	2.13	2.0153297
2019. 7. 31	2.839726027	2.13	1.9916368
2020. 1. 31	3.339726027	2.13	1.9682224
2020. 7. 31	3.839726027	2.13	1.9450833
2021. 1. 31	4.339726027	2.13	1.9222162
2021. 7. 31	4.839726027	102.13	91.083562
		sum	109.22999

图 12-12　单变量求解结果

步骤七：计算久期。

首先，计算各期现金流的现值占总值的比重，也就是久期中的权数，如图 12-13、图 12-14 所示。

图 12-13　计算久期中权数的公式

期数	每期成交日年数	现金流	现值：	比重（权数）	0.023934
0	0	−109.23			
2017.1.31	0.339726027	2.13	2.1129536	0.006571688	
2017.7.31	0.839726027	2.13	2.088113	0.016052761	
2018.1.31	1.339726027	2.13	2.0635644	0.02531	
2018.7.31	1.839726027	2.13	2.0393044	0.034347358	
2019.1.31	2.339726027	2.13	2.0153297	0.043168726	
2019.7.31	2.839726027	2.13	1.9916368	0.051777932	
2020.1.31	3.339726027	2.13	1.9682224	0.060178746	
2020.7.31	3.839726027	2.13	1.9450833	0.068374879	
2021.1.31	4.339726027	2.13	1.9222162	0.07636998	
2021.7.31	4.839726027	102.13	91.083562	4.035700287	
		SUM	109.22999	=SUM(E18:E27)	
				SUM(**number1**, [number2], ...)	

图 12-14　计算权数的结果

其次，计算出最终债券的久期，为 4.4179 年。由此可以得到修正的久期，如图 12-15 所示。

$$MD=\frac{D}{1+y}=\frac{4.4179}{1.0239}=4.314587369（年）$$

图 12-15　计算久期

2.方法二步骤如下。

步骤一：利用 Excel 中的函数"YIELD"选项计算到期收益率。操作如下：

点击"公式"，选择"插入函数"，随后搜寻"YIELD"选项，如图 12-16 所示。

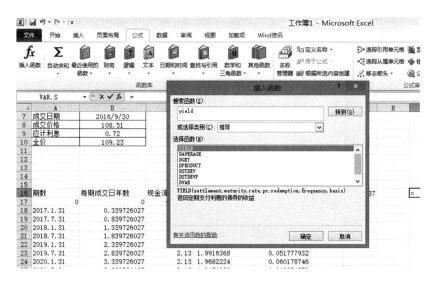

图 12-16　插入函数"YIELD"

随即得到函数"YIELD"的运算对话框,如图 12-17 所示。

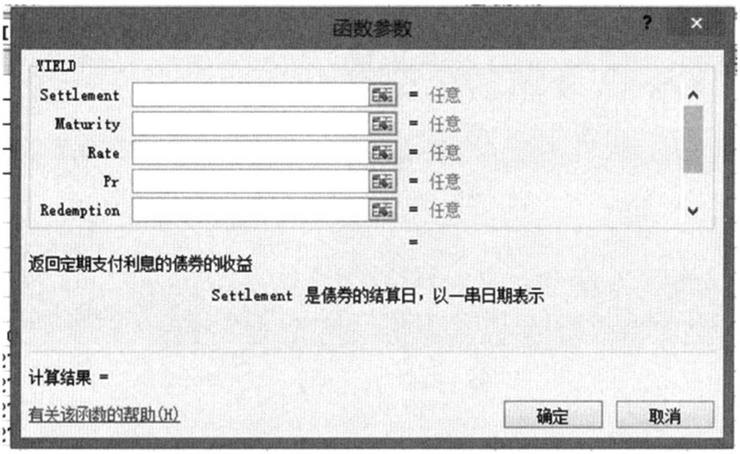

图 12-17　"YIELD"函数参数对话框

对话框中单词的含义如下:

Settlement 是债券的结算日,也称成交日;

Maturity 是债券的到期日;

Rate 是债券的年票息率,也称票面利率;

Pr 是每张票面为 100 元的债券的现价(也称成交净价);

Redemption 是每张票面为 100 元的债券的赎回值,也称到期偿还值;

Frequency 是债券每年支付票息的次数;

Basis 是所采用的日算类型,其中 3 表示"实际天数/365"。

根据以上的定义,依次将相对应的数据输入,如图 12-18、图 12-19 所示。

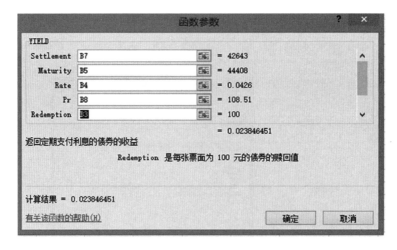

图 12-18　输入数据（1）

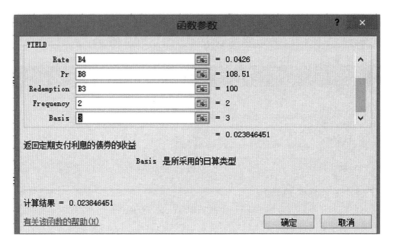

图 12-19　输入数据（2）

点击"确定"后，可以得出到期收益率为 2.38%。

步骤二：在得到到期收益率的前提下，可以开始进行久期的计算。同样在"公式"中选择"插入函数"，并搜寻"DURATION"，如图 12-20 所示。

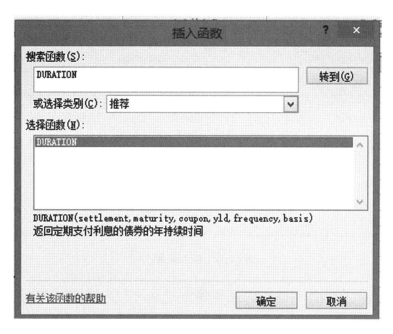

图 12-20 插入函数"DURATION"

点击"确定"后,即可得到关于久期的函数,如图 12-21 所示。

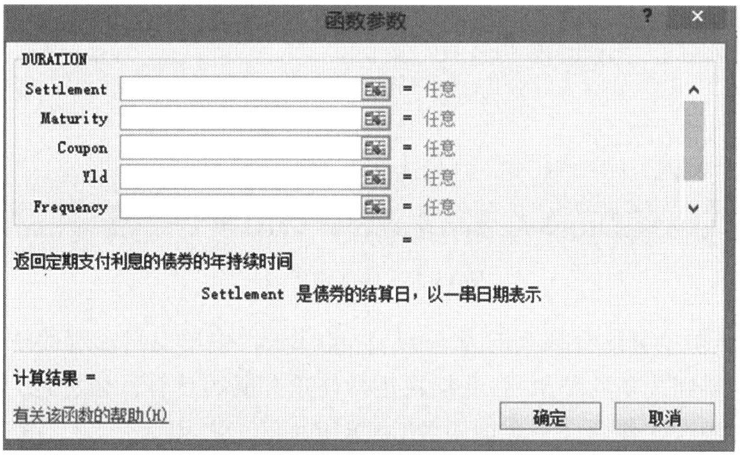

图 12-21 久期函数参数对话框

对话框中的单词含义(上述出现过的单词不再重复):Coupon 是债券的年票息率;Yld 是债券的年收益,也就是先前"YIELD"函数运算出来的到期收益率。

将以上信息填入对话框中,如图 12-22、图 12-23 所示。

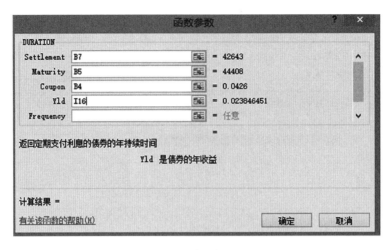

图 12-22　输入数据(1)

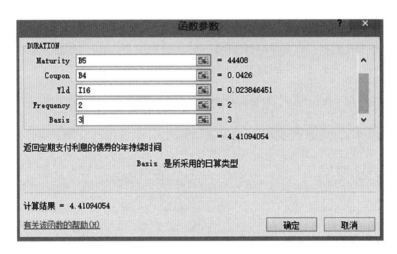

图 12-23　输入数据(2)

从运算结果中可以看到久期为 4.41 年,与 Excel 中单变量求解的结果一致。

步骤三:得到久期的结果后,我们再进行修正久期的计算。同样地,打开"公式",选择"插入函数",并找到修正久期函数"MDURATION",如图 12-24、图 12-25 所示。

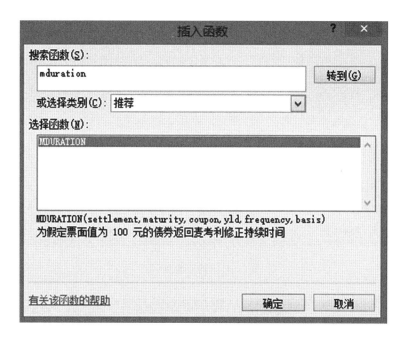

图 12-24　插入函数"MDURATION"

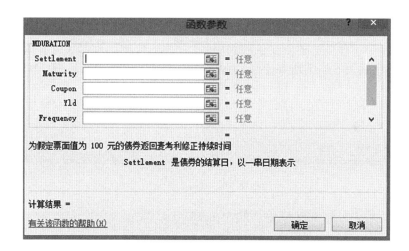

图 12-25　"MDURATION"函数参数对话框

将上一步骤中"DURATION"函数的参数重复添加在"MDURATION"的运算中，如图 12-26、图 12-27 所示。

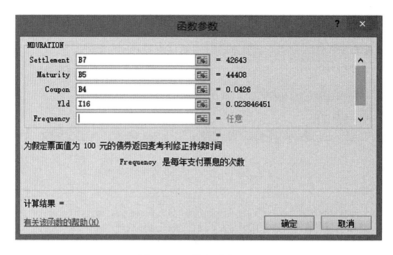

图 12-26　输入数据(1)

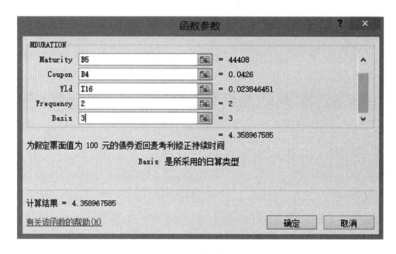

图 12-27　输入数据(2)

从计算结果中可以看到修正久期为 4.36 年。

(三)数据分析——久期与票面利率之间的关系

步骤一:在 Excel 中的单元格内输入各种票面利率,以便测试与分析久期与票面利率之间如何变化,如图 12-28 所示(注意:在填写久期的数据时,请不要简单地复制粘贴,需要使用原来的公式,例如,"＝I17")。

	久期与票面利率	
30		
31	票面利率	久期
32	0.02	4.41094054
33	0.025	
34	0.03	
35	0.035	
36	0.04	
37	0.045	
38	0.05	
39	0.055	
40	0.06	
41	0.065	
42	0.07	
43	0.075	
44	0.08	
45	0.085	
46	0.09	
47	0.095	
48	0.1	
49		

H ◀ ▶ H　Sheet1 ╱ Sheet2 ╱ Sheet3 ╱ 💱

图 12-28　在 Excel 中输入票面利率

紧接着,运用"模拟运算"来计算出不同票面利率所对应的久期,操作如下:
首先,点击"数据",选择"模拟分析"中的"模拟运算表",如图 12-29 所示。

图 12-29　选择"模拟运算表"

其次,点击"模拟运算表",出现如图 12-30 所示的对话框。

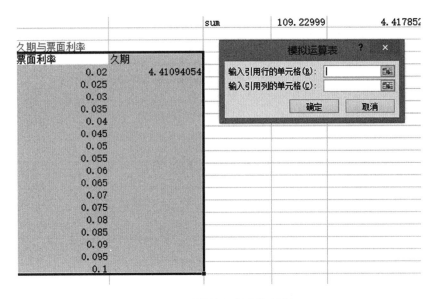

图 12-30 "模拟运算表"对话框

再次,选定需要运算的区域,并在"模拟运算表"中的"输入引用列的单元格"内输入债券票息利率"B4",得到的结果如图 12-31 所示。

30	久期与票面利率	
31	**票面利率**	**久期**
32	0.02	4.41094054
33	0.025	4.57768356
34	0.03	4.529275078
35	0.035	4.481699633
36	0.04	4.434939434
37	0.045	4.388977133
38	0.05	4.343795813
39	0.055	4.29937897
40	0.06	4.255710511
41	0.065	4.212774733
42	0.07	4.17055632
43	0.075	4.129040327
44	0.08	4.088212175
45	0.085	4.048057634
46	0.09	4.00856282
47	0.095	3.969714183
48	0.1	3.931498497

图 12-31 输入票面利率后得到的结果

步骤二:用散点图来表示两者的关系。

在 Excel 中选定上述步骤中的区域,选择"插入",点击"图表",并选择"XY(散点图)",如图 12-32、图 12-33 所示。

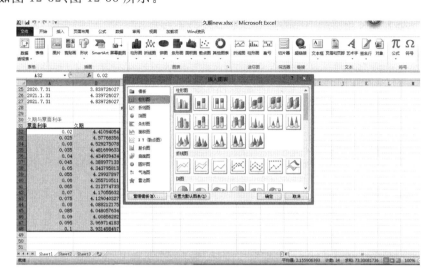

图 12-32 选择"插入",点击"图表"

图 12-33 选择 XY(散点图)

点击"确定"后,在图标上点击鼠标右键,并选择"选择数据源",出现如图 12-34 所示的对话框。

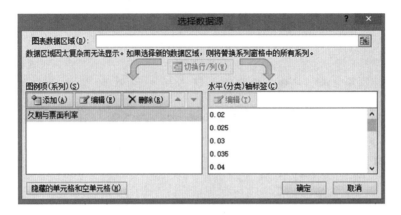

图 12-34 "选择数据源"对话框

选择"图例项"中的"编辑"选项,出现如图 12-35 所示的对话框。

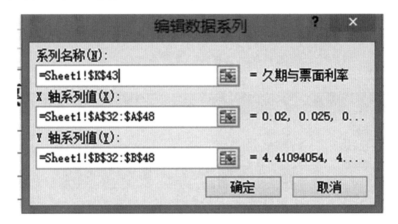

图 12-35 "编辑数据系列"对话框

点击"确定"后,得到如图 12-36 所示的 XY 散点图。

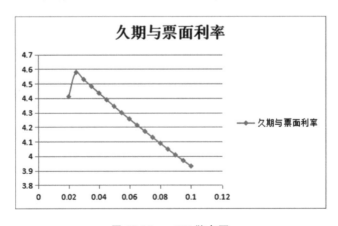

图 12-36 XY 散点图

图 12-36 显示,在保持其他因素不变的情况下,票面利率越低,息票债券的久期越长;票面利率越高,早期的现金流现值越大,占债券价格的权重越高,使时间的加权平均值越低,即久期越短。

四、实验报告

学生需要根据实验内容将实验过程和结果填写在实验报告中。实验报告格式要求:字体为宋体,字号为小四号,行距为 1.5 倍。

报告内容:

1.查找并记录交易软件中的其中一个债券概况,并以 Excel 形式保存数据,数据包括债券代码、发行日期、票面价格、票面利率、到期时间、付息频率、成交日期、成交价格、应计利息和全价。

2.利用 Excel 的函数功能,用两种方法来计算久期及修正久期。

3.利用 Excel 的绘图功能在同一图形中绘制久期与到期期限之间的关系,用平滑线散点图来表示,并阐述两者之间的关系。

五、考核方式

课内完成,在该实验项目结束前提交实验报告文档电子版、Excel 原始数据和相对应参照函数的截图,文件命名为"学号+姓名+实验十二",并在全部实验课程结束前按规定时间提交实验报告的纸质版。最终实验成绩按考核标准的正常赋分比例计算。

久期的计算

久期的计算(学生范例)

投资中资金的时间价值计算分析

一、实验目的

通过本实验,了解资金在使用周期中所产生的价值增量过程,掌握金融产品价值由于时间不同产生变化的原因。同时,理解并掌握衡量资金价值的相关方法,为金融数据及财务分析做铺垫。

二、实验要求

要求学生掌握 Excel 软件的基本使用方法,并掌握相关金融或财务管理的知识,能较为准确地分析数据在不同时间段的价值变化。同时能运用 Excel 的金融计算功能求解资金的价值。

三、实验内容

(一)相关理论

作为一名普通投资者,无论是投资现货市场,还是投资金融衍生品市场,让同一笔资金的使用产生资金增值或产生经济效益都是初始目的。同样,企业寻求收益,向前发展、扩展都离不开资金的循环过程中随着时间的变化而产生的不同效力。

在现实生活中,普通群众时常会考虑将资金存入银行以获得零风险的稳固收益,当然也可以将资金投入风险相对较高、回报率可观的项目中,其在同等时间内所产生的效益就是资金的时间价值。

本实验将以 4 种不同的年金为例,来介绍资金时间价值的计算过程。4 种年金分别为普通年金、即付年金、递延年金及永续年金。

(二)实验案例一:普通年金

普通年金指的是一定时间内每一期期末等同现金流的收款项。

普通年金终值公式:

$$F = A \times \frac{(1+i)^n - 1}{i} \tag{13-1}$$

普通年金现值公式:

$$P = A \times 1 - (1+i)^{-\frac{n}{i}} \tag{13-2}$$

上述公式中相关字母的含义如下:

F:终值,即未来值,是现阶段所需计算的所有的现金流折算到未来某一日期的总金额。

P:现值,指未来某一日期点上的现金流折算到现在所对应的金额。

A:每期期末或期初等额支付的现金流。

i:折现率,利率。

n:期数,计息期。

计算案例一:

由于家庭消费的原因,某学院的伍老师在 2018 年底需一次性支付 97980 元,故在 2012 年已制订了相应的计划,即将在未来几年中每年存入等额的资金来支付家庭消费所需。假设每年的存款利率为 2%,请计算伍老师从 2012 年起每年应等额支付多少资金。

解析:从上述题目中可以得知,该投资者需要在 2018 年底支付 97980 元,也就是终值 FV。为了求得每年等额支付的资金,我们可以利用已知的终值 FV 的公式,计算如下:

$$97980 = A \times \frac{(1+2\%)^7 - 1}{2\%}$$

通过计算,可得 $A = 13179.48$ 元,即每年应存等额资金 13179.48 元。

若不利用公式进行计算,也可以使用 Excel 的函数进行计算。操作如下:

打开 Excel,点击"公式",选择"插入函数",并选择函数中的"PMT",如图 13-1、图 13-2、图 13-3 所示。

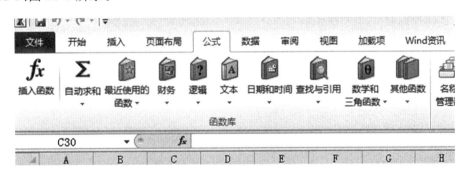

图 13-1 点击"公式"

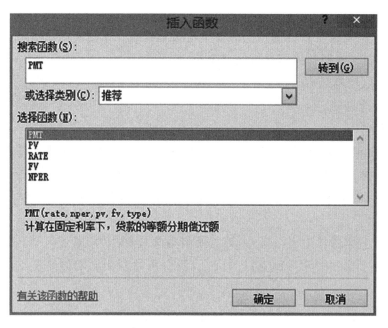

图 13-2　插入函数"PMT"

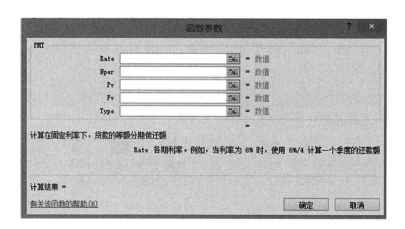

图 13-3　"PMT"函数参数对话框

图 13-3 的对话框中有 5 个参数,解释如下。

Rate:各期利率。例如,当利率为 10％时,使用 10％/2 计算每半年的还款额度利率。

Nper:该项投资的付款期数。

FV:终值,也称未来值。

PV:一系列未来付款当值的累计和,即现值。

Type:指付款时间是期初或期末。该参数用 1 来表示付款时间为期初,用 0 来表示期末。

根据题意,如图 13-4 所示填写。

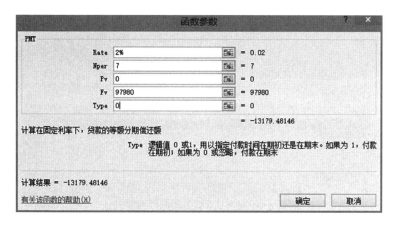

图 13-4　填写"PMT"函数参数

从图 13-4 的对话框中,我们可以看到相对应的等额存入金额为 13179.48 元,与公式计算值一致。

计算案例二:

大宗商品期货中能源市场近期波动频繁。投资者王先生想投资 10 万元,从而进入期货市场。但是手头的资金有限,他向朋友借款 10 万元,并签下如下协议:其须在 2 年后将 10 万元还清,同时需支付 2 年期间产生的利息费用共计 1000 元。鉴于上述情况,王先生从本月起,计划每月从工资中取出 2500 元用以还债,请问王先生能否在 2 年后还清这笔债务?(假设年利率为 2%)

解析:根据题目给定的条件,首先计算王先生每月取出 2500 元的情况下,在 2 年后能产生多少的本息。利用 Excel,操作如下:

由于我们需要计算的是 2 年后的终值,因此在选择函数时要选择"FV"。

点击"公式",选择"插入函数",如图 13-5 所示。

图 13-5　插入函数"FV"

由题干可知如下参数：

Rate：年利率为 2%，因此按每月来计算为 2%/12。

Nper：2 年为 24 个月。

Pmt：每月取出 2500 元。

Pv：现值为 0。

Type：假设王先生每月在月末支付，因此为"0"。

在图 13-6 中，我们看到 FV 终值为 61164.18 元，不足以支付 101000 元，因此每月支取 2500 元不可行。

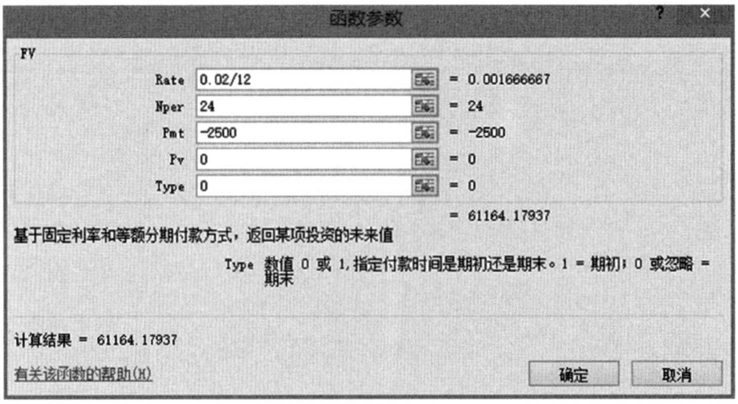

图 13-6　填写"FV"函数参数

同样地,我们用 Excel 计算王先生每月必须取出多少金额才能支付这 101000 元。这里我们利用"PMT"函数,操作如图 13-7、图 13-8 所示。

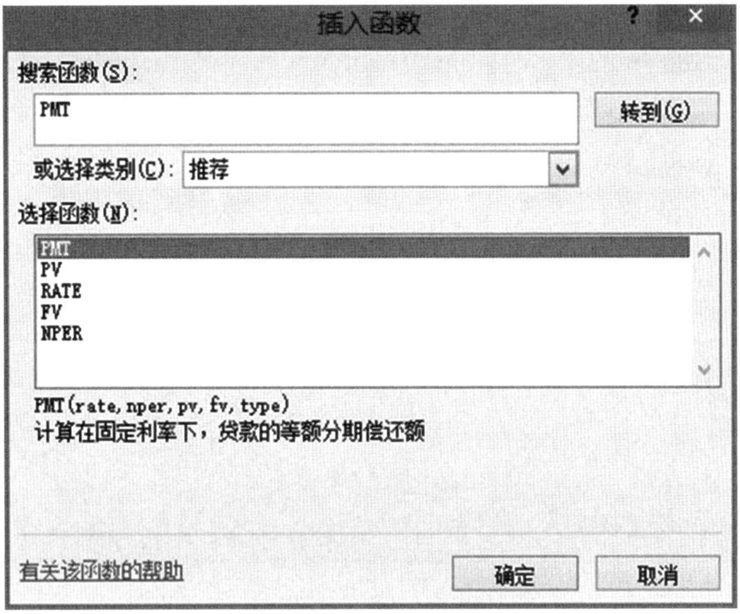

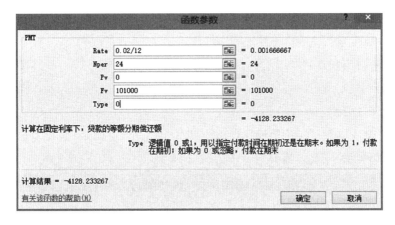

图 13-7 插入函数"PMT"

图 13-8 填写"PMT"函数参数

从计算结果中可以发现,在题目条件不变的情况下,王先生每月至少需要支取 4128.23 元。

计算案例三:

某投资公司计划进军大宗商品期货市场,同时每年年末取出 10 万元进行投资,在初步计划中注释计划年限为 6 年,银行的存款利率为 3%。为了维护该投资的正常运行,公司现阶段需存入多少资金?

解析:根据题目中的条件,可以得知该公司需要计算资金的现值。

点击"公式",选择"插入函数",并选择现值"PV",如图 13-9 所示。

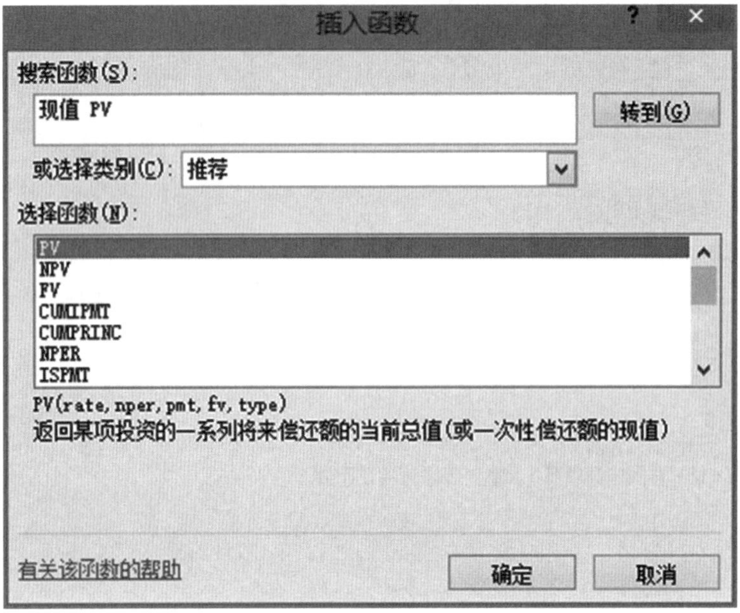

图 13-9 插入函数"PV"

由题干可知如下参数:

Rate:题中年利率为 3%。

Nper:计划年限为 6 年,设置为 6。

Pmt:年末需支出 100000。

Fv:0。

Type:期末,为 0。

从图 13-10 中,我们可以看到现值为 541719.14 元,也就是说,投资公司为了保障投资计划的顺利进行,至少需有资金 541719.14 元。

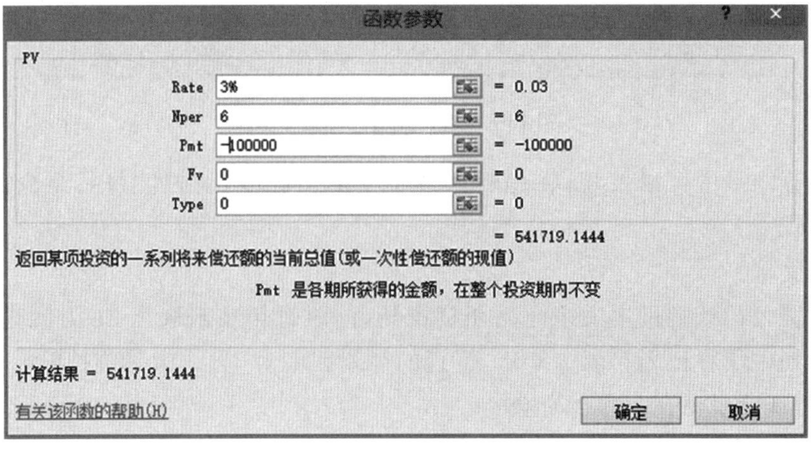

图 13-10 填写"PV"函数参数

(三)实验案例二:即付年金

即付年金与普通年金类似,主要区别在于每个定期的时间产生的现金流发生在期初。由此,即付年金的计算公式也有所区别,具体如下。

即付年金的终值计算公式:

$$F = A(1+i) + A(1+i)^2 + A(1+i)^3 + A(1+i)^4 + \cdots\cdots + A(1+i)^n$$
(13-3)

上述计算方式套入普通年金的公式,得到:

$$F = A\left[\frac{(1+i)^n - 1}{i}\right](1+i)$$
(13-4)

同样即付年金的现值公式为:

$$P = A\left[1 - (1+i)^{-\frac{n}{i(1+i)^n}}\right](1+i)$$
(13-5)

计算案例一:

某投资公司成立之初,计划 3 年后进军大宗商品期货市场,为了累积所需资金,准备每月初从利润中支取 2 万元。银行的存款利率为 3%。那么 3 年后该公司共有多少资金进军大宗商品期货市场?

解析:根据题目给定的条件,可以知道该计划时间期限为 3 年,即 36 个月;等额资金为每月 2 万元;利率为 3%。

打开 Excel,点击"公式",选择"插入函数",并搜索"FV",如图 13-11、图 13-12 所示。

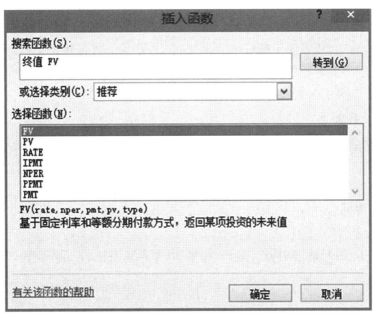

图 13-11 插入函数"FV"

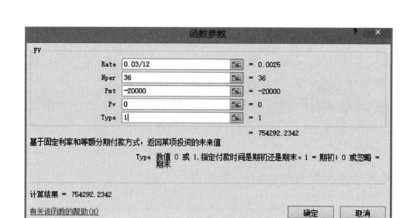

图 13-12　填写"FV"函数参数

在图 13-12 中,值得注意的是,最后一项参数"Type",由于运算方式为即付年金,现金流发生在期初,因此选择"1"。

从结果来看,可以得知即付年金的终值为 754292.23 元,即有 754292.23 元的资金可以进入大宗商品期货市场。

(四)实验案例三:递延年金

递延年金的计算公式与普通年金基本相同,但需要注意延迟发生现金流的期数。

案例计算一:

某投资银行准备进军大宗商品期货市场,由于公司处于高速发展期,资金额度有一定的限制,因此向金融机构借贷。该金融机构准备了 3 种方案供选择:方案一,从现在起的 10 年内每年年末支付 15 万元;方案二,从现在起 10 年内每年年初支付14.5 万元;方案三,从第 3 年起每年年末支付 18 万元。若采用终值的计算方式,问:该投资公司选取哪种方式更为有利?(假设年利率为 3%)

解析:根据题中 3 种方案,分别利用 Excel 来进行计算。

方案一计算如下。

根据题中条件,设置参数如下:

Rate:3%。

Nper:10 年。

Pmt:15 万元。

Type:期末为 0。

从图 13-13 的对话框中可以得知,在第 10 年年末共支付 1719581.90 元。

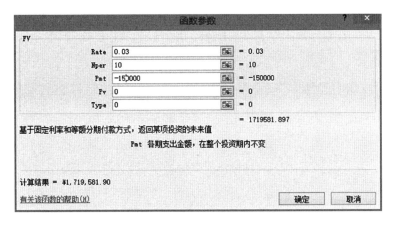

图 13-13　"FV"函数参数对话框

方案二计算如下。

根据题中条件,设置参数如下:

Rate:3%。

Nper:10 年。

Pmt:14.5 万元。

Type:期初为 1。

从图 13-14 的对话框中可以看到,第 10 年年末该投资公司共需支付 1712130.38 元。

函数参数

FV

Rate	0.03		= 0.03
Nper	10		= 10
Pmt	-145000		= -145000
Fv	0		= 0
Type	1		= 1

= 1712130.375

基于固定利率和等额分期付款方式,返回某项投资的未来值

Type 数值 0 或 1,指定付款时间是期初还是期末。1 = 期初;0 或忽略 = 期末

计算结果 = ¥1,712,130.38

有关该函数的帮助(H)　　　　　　确定　　取消

图 13-14　"FV"函数参数对话框

方案三计算如下。

根据题中条件,设置参数如下:

Rate:3%。

Nper:8 年。

Pmt:18 万元。

Type:期末为0。

从图13-15的对话框中可以看到,第10年年末该投资公司共需支付1600620.49元。

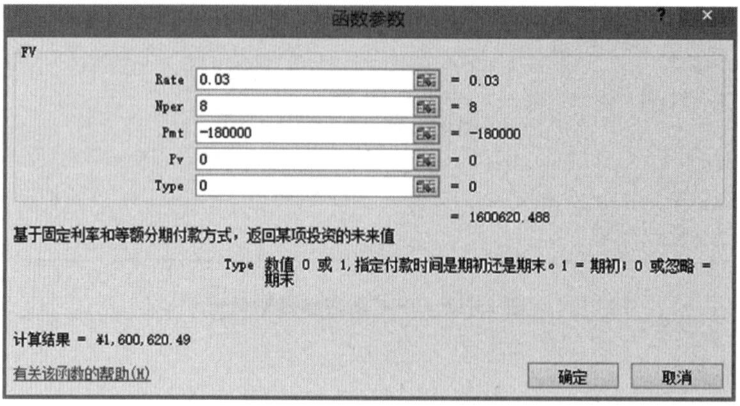

图13-15 "FV"函数参数对话框

从3种方案的计算结果来看,可以看到第三种方案所支付的资金最少,即最有利。

递延年金的现值有3种计算方式:第一种,使用递延年金的终值折现到所需的时间点,求得现值;第二种,将递延期的期数与连续收支的期数相加,以普通年金现值的计算方式计算,再减去递延期的年金现值即可;第三种,先将递延年金中的连续收支期数视为普通年金的现值,再折算到第一期期初。

案例演示:以上题中的方案三为例。

方法一:利用终值的折现,那么与方案三的终值结果一样,只需折现到期初即可。计算如下:

$$\frac{1600620.488}{(1+0.03)^{10}}=1191011.97(元)$$

方法二:利用两个不同期数的普通年金相减,计算如下。

先计算递延期数的现值,Excel参数设置如下:

Rate:3%。

Nper:题中条件是第三年起支付,因此递延年金为2年。

Pmt:等额支付还是相同,为18万元。

FV:0。

Type:期末为0。

从图13-16的对话框中得知,在递延阶段发生的现值为344424.55元。

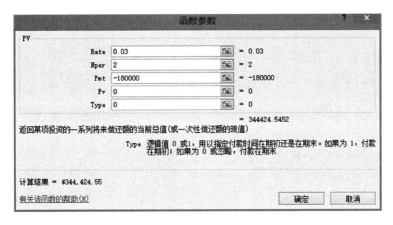

图 13-16　函数"PV"对话框

再计算递延期与连续收支期的现值,参数设置如下:

Rate:0.03。

Nper:递延期与连续收支期为 10 年。

Pmt:等额支付还是相同,为 18 万元。

FV:0。

Type:年末为 0。

从图 13-17 的对话框中可以得知,该期的现值为 1535436.51 元。

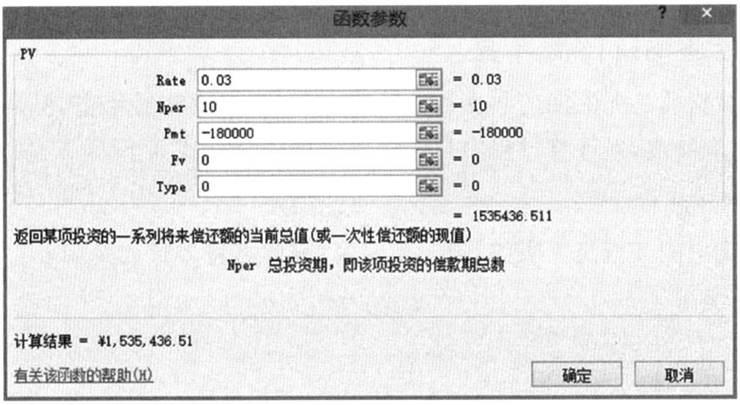

图 13-17　"PV"函数参数对话框

为了计算递延年金,我们需将这两个不同期数的现值相减,得到 1191011.97 元,与方法一计算结果相同。

方法三:利用连续收支期数的现值折回到期初,步骤如下。

先利用 Excel 计算连续收支期数的现值,设置参数如下:

Rate:0.03。

Nper:连续收支期为 8 年。

Pmt:等额支付还是相同,为 18 万元。

FV:0。

Type:年末为 0。

从图 13-18 的结果中可以得到,该期限的现值为 1263544.59 元。

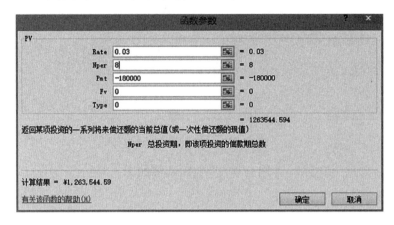

图 13-18 "PV"函数参数对话框

然后利用利率折回到期初,计算如下:

$$\frac{1263544.59}{1.03^2} = 1191011.97(元)$$

从计算结果来看,与方法一、方法二相同。

(五)实验案例四:永续年金

永续年金指的是无限期的收支等额的现金流,类似于普通年金,但是该期限是无限的,因此没有终值,在计算过程中只能计算出现值。公式如下:

$$P = A \times 1 - (1+i)^{-\frac{n}{i}} \tag{13-6}$$

由于公式中的 n 值是无限的,趋于无穷大,因此可将公式改变如下:

$$p = \frac{A}{i} \tag{13-7}$$

四、实验报告

学生需要根据实验内容将实验过程和结果填写在实验报告中。实验报告格式要求:字体为宋体,字号为小四号,行距为 1.5 倍。

报告内容:用相对应的方式计算下列题目。

1.某投资公司须在 7 年后还清再创业期间的起始资金 70 万元,评估报告显示,公司目前的项目回报率为 9%,那么在此条件下,该投资公司每年至少需要赚取多少利润?

2.某投资公司准备进军大宗商品期货市场,由于公司处于高速发展期,资金额度有一定的限制,因此向银行借贷。经过协商,方案如下:银行同意该投资公司在借贷的 15 年期中,从第 6 年起每年年末支付 10 万元人民币。假设该期间的年利率为 5%,用递延年金中 3 种不同的方法来计算该支付方式所产生的资金现值。

五、考核方式

课内完成,在该实验项目结束前提交实验报告文档电子版、Excel 原始数据和相对应参照函数的截图,文件命名为"学号+姓名+实验十三",并在全部实验课程结束前按规定时间提交实验报告的纸质版。最终实验成绩按考核标准的正常赋分比例计算。

投资中资金的时间价值计算分析

练习题

实验十四　二叉树定价模型与 Black-Scholes 定价模型

一、实验目的

通过本实验,学生能掌握期权价格的主要组成部分,并对二叉树定价模型及 Black-Scholes 定价模型的理论知识进行分析,能熟练地利用两种主要估值模式进行期权价格计算。学生在应用两个主要的期权定价模型时,需要准确地理解两者之间的关联性,从而更好地判断期权的投资价值。

二、实验要求

要求学生掌握金融衍生工具的相关基础知识,以中国权证为背景,运用相关计算软件(包括 Excel、Matlab)来计算期权的价值,并对影响因素进行验证。

三、实验内容

(一)期权理论基础

在金融的期权理论中,期权的价值包含了两部分:内在价值和时间价值。内在价值指的是立即执行该期权时所产生的收益现值。对于买入期权来说,其内在价值的最大值为 $[0, S-X]$。相反,对于卖出期权来说,其内在价值的最大值为 $[0, X-S]$。时间价值从理论上来说,是指期权合约的购买者为购买期权而支付的权利金超过期权内在价值的那部分价值。通俗来说,时间价值对于期权卖方而言,反映了期权交易期限内的时间风险,对于期权买方来说则反映了期权内在价值未来增值的可能性。因此,期权的期限越长,时间价值就越大。随着期权临近到期日,其时间价值逐渐变小;期权到期时,时间价值为 0,内在价值等于期权价值。

基于上述理论,我们衡量期权价值时,主要利用二叉树定价模型及 Black-Scholes 定价模型。

二叉树定价模型假设股价的波动方向只有升高或降低,同时在分段期间所产生的升高或降低的幅度和概率都是固定的。该模型根据历史波动率,模拟在整个期权发生期限内的所有可能发展路径,对每一路径上的节点计算权证行权收益,并利用贴现利率计算出期权价格。期权的其中一种分类方法,将其分为美式期权和欧式期权两种。值得注意的是,美式期权可以在合约到期之前的任一时间进行行权,由此需比较在最后节点计算的贴现值(欧式期权的计算方法)与提前行使期权收益额度,并选择较高值。

Black-Scholes 定价模型与二叉树定价模型是一种互补的关系。二叉树定价模型的理论及推导过程比较简单,充分验证了期权定价的基本概念,但是该模型本身并没有考虑到价格变动幅度与概率的变化。Black-Scholes 定价模型在此基础上,将其价格变动分布的函数通过几何布朗运动和对数正态分布,模拟计算出期权的理论价格。

(二)二叉树定价模型

进行二叉树定价模型估值之前,需要限定下列条件:

第一,在计算期权价格的过程中,不考虑交易费用及税费;

第二,在借入或投资资金的过程中,仅使用无风险利率;

第三,市场上不存在套利机会。

1.期权相关符号如表 14-1 所示。

表 14-1　期权相关符号

S_0	当前期权合约标的资产的现货价格
f	期权的价值
u,d	u 为标的资产价格上涨的幅度;d 为标的资产价格降低的幅度
X	期权的执行价格
S_T	T 时刻标的资产的现货价格
r	无风险利率
C	标的资产的美式看涨期权价格
P	标的资产的美式看跌期权价格
c	标的资产的欧式看涨期权价格
p	标的资产的欧式看跌期权价格

2.二叉树定价模型如图 14-1 所示。

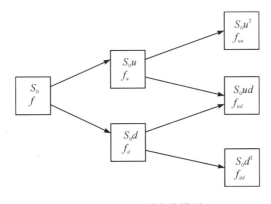

图 14-1　二叉树定价模型

根据二叉树定价模型的理论,标的资产的价格只有上升或下降两种可能,且固定

上涨幅度为 u(up)，固定下降幅度为 d(down)。由此，从 T_0 时刻的 S_0 出发，至下一阶段产生两个可能的新值 S_u 和 S_d。其中 u 大于 1，d 小于 1。进行模拟计算的同时，我们还需知道标的资产初始价值的上升概率 p。在本实验中，我们假设市场是风险中性的市场，即投资者进行投资时的收益率期望等于无风险利率，用于对期权的收益期望值贴现的利率也为无风险利率。利用风险中性定价原理求出上升概率（p）：

$$p=\frac{e^{r\Delta T}-d}{u-d} \tag{14-1}$$

同时根据期权的执行理论，判断该节点期权价值的虚实状态，计算出节点上的价值并运用无风险利率进行贴现，得出初始期权价值（f）为：

$$f=e^{-rT}\left[pf_u+(1-p)f_d\right] \tag{14-2}$$

3.案例演示一（以看跌期权为例，进行欧式期权的计算演示）。

考虑一个 2 年期的欧式看跌期权，其执行价格为 102 美元，当前标的资产的价格为 100 美元。同时我们假定该标的资产的期限为每间隔 1 年的两步二叉树，在二叉树的每一步上，标的资产的价格或上涨 20%，或下跌 20%。（无风险利率为 5%）。

解析：从上述题目中，可以得到以下已知参数及二叉树图示（见图 14-2）：

$S_0=100$ 美元，$X=102$ 美元，$u=1.2$，$d=0.8$，$T=2$，$r=5\%$。

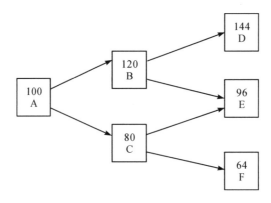

图 14-2　二叉树图示

步骤一：计算每个节点上标的资产的价格。

由 A 节点 $S_0=100$ 美元开始，在下一阶段标的资产价格上涨的幅度为 20%，下跌亦为 20%，因此，B 节点上标的资产的价格＝100×1.2＝120 美元，C 节点上标的资产的价格＝100×0.8＝80 美元，D 节点上标的资产的价格＝100×1.2²＝144 美元，E 节点上标的资产的价格＝100×1.2×0.8＝96 美元，F 节点上标的资产的价格＝100×0.8²＝64 美元。

步骤二：利用公式计算标的资产上涨或下跌的概率。

$$p=\frac{e^{r\Delta T}-d}{u-d}=\frac{(e^{0.05\times1}-0.8)}{0.8-1.2}=0.6282$$

步骤三:计算每个节点的期权价值。一般从最后一个节点开始计算,并注意该期权的类型。

D 节点:由题目可知该期权为看跌期权,因此只有价格低于执行价格时才会执行该期权。$f_D=0$。

E 节点:同理,$f_E=102-96=6$。

F 节点:$f_F=102-64=38$。

B 节点:$f_B=(0.6282\times0+0.3718\times6)\times e^{-5\%\times1}=2.1220$。

C 节点:$f_C=(0.6282\times6+0.3718\times38)\times e^{-5\%\times1}=17.0247$。

A 节点:$f_A=(0.6282\times2.122+0.3718\times17.0247)\times e^{-5\%\times1}=7.2891$。

因此,根据上述条件,该期权价格为 7.2891 美元。

4.案例演示二(根据上述条件,进行美式看跌期权的计算)。

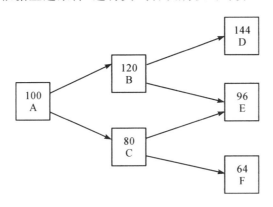

图 14-3　二叉树图示

美式期权在到期日之前,都可以执行该期权,但是标的资产的价格和上下变动的概率并没有改变,同时期权在最后节点上的价值也没有变化。在节点 B 上,我们发现该节点的期权价值为 2.1220 美元,若此时提前行权,所得的相应收益为-18 美元(102—120),因此在节点 B 提前行权不是最优的。同样地,我们来观察节点 C。若此时行权,所得的收益为 22 美元,相比较欧式所计算的期权价值 17.0247 美元来得更大,因此在该节点提前行权为最优。节点 A 的期权价值计算调整如下:

$$f_A=(0.6282\times2.1220+0.3718\times22)\times e^{-5\%\times1}=9.0487(美元)$$

因此,根据上述美式期权的特点,该期权价格为 9.0487 美元。

5.利用 DerivaGem 软件计算二叉树定价模型下的期权价格。

步骤一:下载"DerivaGem-Version 3.00"软件,其界面如图 14-4 所示。

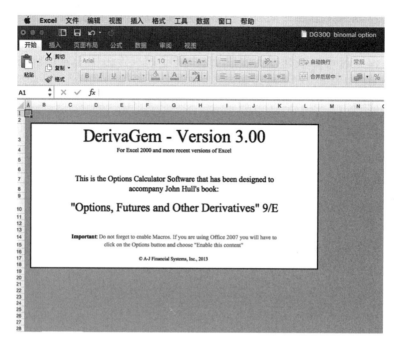

图 14-4 "DerivaGem-Version 3.00"软件

步骤二：

根据上述案例中的条件输入所需参数进行计算,同时我们假定标的资产年化波动率为 20%。结果如图 14-5 所示。

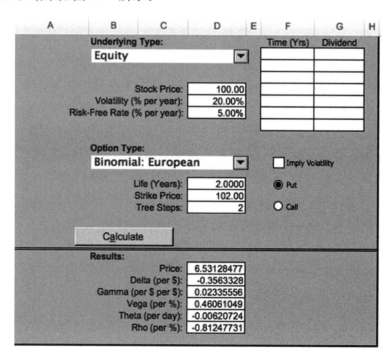

图 14-5 计算结果

同时,也可以得到相应的二叉树定价模型图例,如图 14-6 所示。

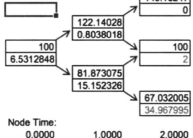

图 14-6 二叉树定价模型图例

从图 14-6 的结果来看,模型计算结果与案例计算结果并不相同。从图中我们可以发现,在设置标的资产的年化波动率为 20% 的情况下,其标的资产价格上涨值为 1.2214,而下跌值为 0.8187。

同时,在上述案例中,在我们假定其为风险中性的情况下,软件 DerivaGem 考虑了标的资产价格波动率的变化,以 $\sigma\sqrt{\Delta t}$ 表示标的资产价格在 Δt 的时间区间上收益的标准差。因此,为了与波动率吻合,该软件中计算标的资产价格上涨或下跌的公式改变为:

$$u = e^{\sigma\sqrt{\Delta t}}$$
$$d = e^{-\sigma\sqrt{\Delta t}}$$

利用波动率 20%、最大值 150、最小值 100 等条件再次进行模拟运算(如图 14-7 所示),探讨期权价格与标的资产价格的关系。

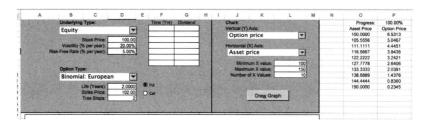

图 14-7 二叉树定价模型计算结果

从图 14-8 中可以发现,在看跌期权的条件下,标的资产价格越高,期权价格越低;标的资产价格越低,期权价格则越高。

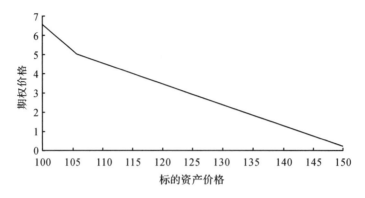

图 14-8　期权价格与标的资产价格的关系

(三)Black-Scholes 定价模型

相较于二叉树定价模型,Black-Scholes 定价模型的运算模式更加快捷、简单,同时在进行期权敏感性分析时,具有一定的优势。但是此模型并未考虑期权提前执行的问题,因而该模型不能计算美式期权的价值。根据无套利原则,Black-Scholes 定价模型的计算公式如下:

$$c = s_0 N(d_1) - K e^{-rT} N(d_2) \tag{14-3}$$

$$p = K e^{-rT} N(-d_2) - s_0 N(-d_1) \tag{14-4}$$

$$d_1 = \frac{\ln\left(\dfrac{s_0}{k}\right) + \left(r + \dfrac{\sigma^2}{2}\right) T}{\sigma \sqrt{T}} \tag{14-5}$$

$$d_2 = \frac{\ln\left(\dfrac{s_0}{k}\right) + \left(r - \dfrac{\sigma^2}{2}\right) T}{\sigma \sqrt{T}} = d_1 - \sigma \sqrt{T} \tag{14-6}$$

上述公式中的 $N(d_1)$ 与 $N(d_2)$ 指的是标准正态分布的累积概率函数。在此模型中,$N(d_2)$ 简单来说,是二叉树定价模型中所假定的风险中性世界里期权被行使的概率。式中的 $N(d_1)$ 很难单独解释,只能通过 $S_0 N(d_1) e^{rT}$ 这一表达式来说明。该表达式是一个在 S_T 大于 K 时为 S_T,在 S_T 小于等于 K 时为 0 的变量在风险中性世界里的期望值。

下面我们根据标的资产为股票的形式来考虑两种情形。

第一,当标的资产股票的价格 S_0 很大时,看涨期权可以肯定执行该期权,那么这时可以发现该计算方式与远期合约相同,为 $S_0 - K e^{-rT}$。其原因是当 S_0 很大时,d_1 与 d_2 都很大,从而 $N(d_1)$ 与 $N(d_2)$ 的值都接近 1。此时的 $N(-d_1)$ 与 $N(-d_2)$ 的值接近 0,因此欧式看跌期权的价格也接近 0。

第二,当波动率接近于 0 时,说明此时的标的资产价格是无风险的,因此看涨期

权的收益为 $max(s_0e^{rT}-K,0)$,通过无风险利率来贴现,得到看涨期权的现值为 max $(s_0-Ke^{-rT},0)$。

案例演示:分别通过 Excel 与 Matlab 软件来计算期权价值。

假定某投资者拥有一个 6 个月期限的期权,该标的资产的当前价格为 52 美元,执行价格为 50 美元。同时期限内的无风险利率为 5%,波动率为每年 20%。请计算其看涨期权与看跌期权的价值。

解析(1):利用 Excel 函数来计算。

步骤一:计算 d_1 与 d_2。

由上述题干,可以得到以下已知条件:

$S_0=52,K=50,r=5\%,\sigma=20\%,T=0.5$。

$$d_1=\frac{\ln\left(\frac{52}{50}\right)+\left(0.05+\frac{0.2^2}{2}\right)\times 0.5}{0.2\sqrt{0.5}}=0.5248$$

$$d_2=\frac{\ln\left(\frac{52}{50}\right)+\left(0.05-\frac{0.2^2}{2}\right)\times 0.5}{0.2\sqrt{0.5}}=0.3834$$

步骤二:计算欧式看涨期权的价值。

$c=52\times N(0.5248)-50\times e^{-0.05\times 0.5}N(0.3834)$

利用 Excel 中的"NORMSDIST"函数来计算,操作如下:

点击"公式",并选择"插入函数",如图 14-9 所示。

图 14-9　点击"公式"

在"插入函数"中选择函数"NORMSDIST",输入所需的数字,并点击"完成",如图 14-10 所示。

图 14-10　选择函数"NORMSDIST"

得到 $N(0.5248)=0.7001$，$N(0.3834)=0.6493$。

因此，$c=52\times0.7001-50\times e^{-0.05\times0.5}\times0.6493=4.7418$。

步骤三：计算欧式看跌期权的价值。

根据上一步骤函数的应用，可以得到：

$N(-0.5248)=1-0.7001=0.2999$

$N(-0.3834)=0.3507$

因此，$p=50e^{-0.05\times0.5}\times0.3507-52\times0.2999=1.5073$。

解析（2）：利用 Matlab 来计算。

步骤一：进入 Matlab 界面，如图 14-11 所示。

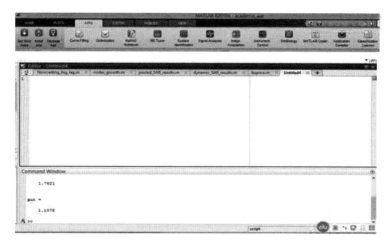

图 14-11　Matlab 界面

步骤二:进入编辑界面,输入下列代码,如图 14-12 所示。

图 14-12　输入代码

参数说明:

公式 function 中,call 为看涨期权价格,put 为看跌期权价格,S0 为标的资产现价,E 为期权执行价格,r 为无风险利率,maturity 为期权的期限,sigma 为期权价格的波动率。

步骤三:在命令窗口输入上述案例的条件[call,put]＝bsprice(52,50,0.05,0.5,0.2),可得到 c＝4.7072,p＝1.4727。如图 14-13 所示。(需要注意的是,正态分布取值的差异会导致最终结果的不同)

```
Command Window
    4.7072


put =

    1.4727

fx >> [call,put]=bsprice(52,50,0.05,0.5,0.2)
```

图 14-13　输入案例条件并得到结果

四、实验报告

学生需要根据实验内容将实验过程和结果填写在实验报告中。实验报告格式要求:字体为宋体,字号为小四号,行距为 1.5 倍。

报告内容:

1.在行情软件的"权证交易"中选取一个期权品种,说明该期权品种的价格走势。

2.按照上述选取的期权品种,寻找相关现货价格、无风险利率、合约期限与相关收益,利用本实验中的二叉树定价模型及 Black-Scholes 定价模型进行看涨期权或看跌期权价值的计算。

五、考核方式

课内完成,在该实验项目结束前提交实验报告文档电子版、Excel 原始数据和相对应参照函数的截图,文件命名为"学号+姓名+实验十四",并在全部实验课程结束前按规定时间提交实验报告的纸质版。最终实验成绩按考核标准的正常赋分比例计算。

二叉树定价模型解析

案例演算